実践!
ふだん使いのマインドマップ

ブザン公認マインドマップ®インストラクター
矢嶋美由希

CCCメディアハウス

はじめに

わたしの初めての著書『ふだん使いのマインドマップ』が世に出てから丸3年。ようやく第2弾をみなさんにお披露目できることになりました。

前作を出版した直後は、この本は読者に受け入れてもらえるのだろうか……という不安でいっぱいでした。でも、著作はわが子と同じ。著者自身が、ちょっとずつでも大きく育てていこう。それが著者としての役割だ！　そんな想いを強く持って、かわいがってきました。結果的に多くの方に手にとっていただき、何度も刷を重ねることになりました。本当にありがたいことです。

この第2弾でも、前作で多くの読者に好評だった、「一般の方が日常的に描いたマインドマップ」をたくさん掲載することを心がけました。多くの方が、気持ち良く提供してくださいました。本当にありがとうございます。

今回は、ビジネスで活用している方のマインドマップを多く集めています。とはいえ、ハードルを高く設定することなく、「ふだん使い」であることには変わりありません。具体的にどのような場面でどんな目的で使っているのか、ご本人からの説明も添えられています。ビジネスで成果を出し続けている方の中には、そのときの気持ちのもちようや切り替えのコツなども、さらりと披露してくださっている方もいますので、「こんな考え方ができたらいいな」と目標にできる人が見つかればと思います。

マインドマップには正解がありません。どんなマインドマップでもいいのです。でも、描かなければ始まりません。自分の好みを知るために、コミュニケーションを円滑にするために、仕事でのパフォーマンスを向上させるために、自己流でかまわないので描いてみてください。「マインドマップは描いてナンボ！」なのです。

マインドマップの「食わず嫌い」ならぬ「描かず嫌い」な人も、まだまだいらっしゃるでしょう。ルールを守るのがわずらわしい、と思っている人もいらっしゃるでしょう。マインドマップは「イマジネーションとアソシエーション」という頭の使い方ができていれば、ルールにこだわる必要はありません。

ぜひ、裏紙に黒ペンからで構わないので描いてみてください。きっと自分の意外な一面に出会うことでしょう。ちょっとでも気づきがあったら、それはもう「マインドマッパー（マインドマップユーザー）」への入り口です。マインドマップの奥深い世界を、自分のペースで楽しんでいってください。

実践！　ふだん使いのマインドマップ　目次

3 みんなの「ふだん使いのマインドマップ」【生活&子育て編】

4 みんなの「ふだん使いのマインドマップ」【仕事編】

5 みんなの「ふだん使いのマインドマップ」【上級編】

もっとマインドマップが好きになる……239

1

マインドマップにつまずいたあなたに

最強のノート法&記憶術

いろいろなノート法が、次々と世に出てきています。

方眼ノート、〇マスシート、〇分割法、〇〇手帳、〇〇大学生のノート……などなど。どのノート法にも優れた部分があり、それらのノート法が自分にしっくりくる、という人もいるでしょう。

多くのノート法があるなかで、一時の流行として終わるのではなく、今なおたくさんの人に利用されている「マインドマップ」には、どのような優れた面があるのでしょう。

マインドマップを一言で説明するなら、

頭を柔らかくするノート

です。そして、「ハイパフォーマンスに導いてくれるノート」でもあります。一般的には「頭がよくなる」「記憶力が高まる」「柔軟な発想ができるようになる」と言われていますが、これらもすべて、頭が柔らかくなった結果として生じることです。

マインドマップというと、放射状に伸びていく「枝（ブランチ）」や、カラフルな色使い、そして、ところどころにちりばめられたイラストを思い浮かべる方も多いでしょう。黒一色で、マス目や行にそって書いてある〝普通の〟ノートと比べると、たしかに記入の仕方自体が柔軟です。

でも、柔軟さは、その見た目だけにあるのではありません。

「思考の種」を逃すことなくつかまえられる

子どもが、思いつくままに次から次へとつながりのない話をしたり、行動したりすることを考えても、人の思考というのは元来〝とっちらかって〟います。論理的思考（ロジカルシンキング）がもてはやされるのは、このように本来の人の思考が「まったくもって論理的ではない」からに他なりません。

その〝とっちらかった〟状態で思い浮かんでくる思考の種を、逃すことなく描きとめることができるのがマインドマップなのです。思いついたことを思いついたままに描き記すことで、自分の脳内を俯瞰《ふかん》するような感覚も味わうことができます。

普通のノートのように「整理して書かなければならない」「他の人が見てもわかるように書くべきだ」といった縛りはありませんから、まとまりよくするために思考を狭める必要はありません。思いつくままにペンを走らせ、それと同時に、好きなだけ思考を解放し、深めることができるのです。

描き上がったマインドマップを眺めると、まるで自分の脳の中を見渡しているような感覚に襲われるのは、そのためです。

記憶力がアップするのはなぜか

何ページにもわたって記入したノートは、そもそも見直すのが面倒になってしまい、記憶するには向いていません。また、多くの人は、意味のない単語の羅列を楽しく覚えられるほどの記憶力をもちあわせていません。

このように、記憶というのは苦痛に近い作業ですが、マインドマップを使えば、色・場所・前後のつながりによって、とても簡単なものに変化していくのです。

わたしのマインドマップ講座を受講して、宅地建物取引士（宅建）に合格したIさんは、こんな感想を送ってくれました。


おかげさまで宅建に合格することができました！　マインドマップの効果が大きかったです。本当にありがとうございました。

先生からいただいたノートが今日でちょうどなくなります。ということは、40枚のマインドマップを書いたということです。毎日マインドマップをつけることはできませんが、ちょっとしたメモはマインドマップ風につけています。セントラルイメージがもっと楽しくすらすら描けるといいな、と最近思っています。

まさにマインドマップは、わたしにとって欠かせないものになりました。素晴らしいツールを教えてくださいまして、本当にありがとうございます。

他にも、社会保険労務士（社労士）や司法書士などの資格試験の勉強にマインドマップを取り入れている人は多いのです。ただ単に記憶するのではなく、色や関連している項目を枝（ブランチ）ごとに記入することで、構造的な理解につながるからです。

参考書の○ページに書いてあった……ということは思い出せなくても、マインドマップの左下のあたりに、このカテゴリーとして描いた、ということは思い出せるし、それに関連することも一緒に記憶しているため、より思い出しやすいと言われます。

私も、雑誌の取材用に英語を覚えるマインドマップを描いたことがあるのですが、接頭語・接尾語などを参考書を見ながら描いただけなのに、スイスイと頭の中に入っていく感覚があり、びっくりしたことがあります。

その時の感想は「やばい、覚えられちゃう！」。もともと英語は苦手で、とても覚えられるものではないという印象をもっていたので、あまりの記憶しやすさに驚いた、というのが正直なところです。

また、中学受験に向けて講座を受けるお子さんも多く、合格して充実した学生生活を送っている様子を、SNSなどを通して知ることができると嬉しくなります。合格後も時々マインドマップを描いている様子なども伝わってきます。

マインドマップを取り入れる学習塾も増えてきました。以前はライセンスの問題があり、わたしも、フランチャイズ系の塾からオファーがあっても断っていました。しかし最近では、インストラクター資格を有している人が増えたこともあって、個人経営の塾を中心に、マインドマップを取り入れていることをアピールポイントにしているところもあるようです。

特に歴史などの科目はマインドマップにしやすいといわれていますが、どの科目もマインドマップになりますし、むしろ苦手科目ほどマインドマップにした時の成果が実感しやすいと思います。

マインドマップ「風」から卒業しよう

見た目は落書きのようですし、見よう見真似で描けてしまうので、マインドマップというのは、いっときの流行で終わってしまったように感じている人もいるかもしれません。

そして、なんとなく描くことをやめてしまった方も多いでしょう。そんな方の多くは、本当のマインドマップにたどり着く前に、「マインドマップ風」のものを描くことで終わってしまったのかもしれません。これは本当にもったいないことです。

わたしはこれまでに、のべ３０００人以上の方にマインドマップの魅力をお伝えしてきました。その経験から言えることは、「マインドマップの肝は、カラフルに描くことでも、放射状に枝を広げることでもない」ということです。

ましてや、中央に描かれたイラストや漫画などの「セントラルイメージ」でもありません。カラフルなことも、曲がりくねった枝も、中央のイラストも、もちろんマインドマップの特徴のひとつです。でも、どれもマインドマップの「肝」ではないのです。

マインドマップは描き方が特徴的です。そのため、「描き方」をマスターしただけで、マインドマップをマスターしたと思い込んでしまうという「落とし穴」があります。まず「放射状」に描き、そして次に「色」を取り入れる。最後に「セントラルイメージ」に凝って、ハイ出来上がり。

でも、これでは「マインドマップ風」に描けただけであって、本来のマインドマップとは似て非なるものです。

マインドマップに本当に必要なもの、「マインドマップの肝」とは、なんでしょうか。それは、次のふたつです。

・イマジネーション
・アソシエーション

イマジネーションとは「想像力」、アソシエーションとは「連想、関連づけ」と訳されます。マインドマップを描くことで、想像力が発揮されたか、マインドマップにのっている単語から、連想して物事を思いついたり、思い出したりしたか。単語どうしが関連づけられるようなことがあったか——こうしたことが大事なのです。

自分の脳内にある思考を、単語という「キーワード」にしてノートの上に散らばらせつつ振り分けていくという作業は、「描き方に慣れる」という点では十分ですし、実際に多くの方がやっている方法です。

しかし、ただ単に、頭にすでにあることを、キレイに枝（ブランチ）にのせておしまい、というのでは、そこにイマジネーションやアソシエーションが生まれる余地はありません。それでは本当にもったいない！

描いているつもりで描けていないマインドマップ

先日、わたしの前著『ふだん使いのマインドマップ』を読んでマインドマップを描くようになった、というAさんにコーチングをさせていただきました（わたしはコーチングの仕事もしているのです）。

Aさんのセントラルイメージは、文字を丸で囲んだものでした。そして、そこから枝（ブランチ）が出ているのですが、その枝の先にも丸がついており、そこからさらに枝が出ていました。その丸の中に描かれている単語を読んでいくと、どうも理路整然としすぎているのです。たとえて言うなら、セントラルイメージから順番に「動物→脊椎動物→ほ乳類→ヒト」と並んでいるような感じ。「この単語はどうしてここに出てきたのだろう？」と疑問に思うようなものがひとつもない。これはマインドマップとしては、とても不自然です。

それは、いわゆる「予定調和」の思考を「マインドマップ風」にしたものでした。

Aさんは外資系の企業にお勤めで、知的レベルのとても高い方です。もちろん英語もぺらぺら！　拙著を何度も読んでくださったようですが、それでもなかなか「マインドマップ風」から抜け出すことができませんでした。理解というのは、自分のフィルターを通してするものなので、自分の理解や想像を超えたものを描き出すことは、難しい作業なのです。

でもマインドマップなら、「理解や想像を超えたもの」を導きだすことができます。この「頭の使い方を変える」という効果が、マインドマップの本当の役割です。

もちろん、描き方を覚えるだけでも、日々のＴｏＤｏリストなどであれば、十分に行動への影響力につながります。しかし、マインドマップの本当の奥深さは「頭の使い方を変える」というところにあるのです。

わからないことも描く

さて、「思考の予定調和のマインドマップ風」を描いていたＡさんのケースに戻りましょう。「頭の使い方を変えて」いただくために、わたしがコーチングセッションを行いながら、Ａさんの考えていることを目の前でマインドマップにしていきました。

内容は、「半月後に友人に会うことになっているので、その時までに、自分がこれから取り組む活動について興味を持ってもらえるようなフライヤー（パンフレットのようなもの）を作りたい。それを手渡して、練習相手を募りたい。欲を言えば、友人の友人を紹介してもらえたら嬉しい」というものでした。その話をマインドマップにしていったのです。

友人に会う→フライヤーを渡す……と枝（ブランチ）を伸ばしていきます。コーチングセッションだったこともあって、わたしのほうから具体的に具体的に、話を聞いていきます。そして、それと呼応するようにマインドマップの枝も広がっていきます。

こうしてAさんの中で決まっていることは、ひととおりマインドマップに落とし込むことができました。次にわたしが「ウンウン……じゃあ、フライヤーにはどんなことを書くの？」と聞きながら、答えを待たずに枝を3〜4本伸ばしていくと、驚きの声が上がったのです。

「えーーーーー！　マインドマップって、そう描くの？」

そうなんです。マインドマップというのは、決まっていないことも、わかっていないことも描いていくのです。わたしは、Aさんにこう伝えました。

「マインドマップは、わかっていることを描くものではなく、わからないことを見つけて、考えて、『今まで考えたことのなかったことを考える』ために描くんですよ！」

Aさんには思いもよらなかったことのようで、しばらくセッションが中断したほどです。

多くの人は、「わかること、知っていることは素晴らしい」という価値観をもっています。そうすると、「わからないこと」を描くことは、自分で自分に「知らない」という烙印を押すようなもので、あまり気持ち良いことではありません。

でも、本当に役に立つのは「わからないことがわかるノート」なのです。そんな描き方ができて、なおかつ楽しさを感じられるのがマインドマップ。「わからないことがわかる」、これがマインドマップの最大の効果だと思います。

ルールを支える「Ｎｏ Ｌｉｍｉｔｓ」という世界観

次の章で説明するマインドマップを描くための「７つのルール」は、表象的なスキルです。そのスキルの土台となる部分が、イマジネーションとアソシエーション。そして、「Ｎｏ Ｌｉｍｉｔｓ」という「脳には無限の可能性がある」という考え方です。そこに至るように、わかりやすいやり方にしたのが７つのルールというわけです。

つまり、どんな用途でも、どんな描き方をしていても、イマジネーションとアソシエーションが思考に刺激を与えていれば、それはマインドマップなのです。ちょっと極論かもしれませんが、それくらい描き方よりも、マインドマップの土台となる考え方やその世界観のほうが大切ということです。

これはわたし個人の意見ですが、描き方にこだわるよりも、「そもそも何のためにマインドマップを描くのか？」という本来の目的を思い出してもらいたいなと、常々感じています。きっと、「カラフルに描きたい」わけではなく「記憶に残したい」のでしょうし、「放射状に描きたい」わけではなく、「今までにない発想や整理を求めている」はずです。「イラストが描きたい」わけではなく、「その場でどんな話がされていたのかを象徴するイメージがほしい」のですよね？

たしかに「イマジネーションとアソシエーションが起こる」というのは抽象的でわかりにくいものです。だから、そのわかりにくさを補完するためにルールがあるのです。

ルールに則って描いているうちに、イマジネーションとアソシエーションが起こる実感を得られたら、もう描き方にこだわる必要はありません。箇条書きでも、単語だけでも、イマジネーションとアソシエーションが起きているとしたら、それはマインドマップの恩恵だと思うのです。そこから、今まで出なかったアイデアが浮かぶようになるし、記憶力も高まるのです。

マインドマップは「7つのルール」と言われる描き方が大事なのではありません。いくらルールを守っていても、イマジネーションとアソシエーションを起こしていなければ、今までのノート法となんら変わりはありません。ルールを支えている「Ｎｏ Ｌｉｍｉｔｓ」という世界観こそが重要なのです。

マインドマップが論理的思考を生み出す

マインドマップは、論理的思考という点で〝脳力〟を開発することができます。それは「構造化」というルールに起因しています。

構造化というのは、階層と序列で一つひとつの単語を構造的に分類していく考え方です。

わたしの講座では、構造化の説明の時に「動物名」を挙げてもらうワークを行います。犬・猫だけでなく、カピバラとか、ハムスター、カバ、サイ、パンダ、イルカ、くじら、ラッコ、ヘビ、鳥、ヘラクレスオオカブトなどなど、動物だけでなく、色々な生き物が出てきます。

次に、これらの単語のグループ分けをしてもらいます。どんな分け方でも構わないのですが、使えるのは1回だけ。あっちのグループとこっちのグループの両方に入れることはできません。どれもグループにしないで単独というのもNG。必ずグループにしてもらいます。

そうすると、本当にいろいろな分け方があるものだと感心します。

いる場所ごとに「陸・海・空」で分けたり、「肉食・草食・雑食」で分けたり、もちろん「爬虫類・哺乳類・昆虫類」など学術的に分けようとする人もいます。自分の好き嫌いで分ける人もいますし、「家畜になる・動物園にいる・野生にいる・ペットになる」という分け方も少なくありません。

子どもだと発想はさらにユニークで、「漢字で書いてある・ひらがなで書いてある・カタカナで書いてある」、文字数で「2文字・3文字・4文字」などと分ける場合があります。

構造化の際は、「もれなく、ダブりなく」が鉄則です。そうすると、子どもの考える「文字数」「表記方法」で分けることは、意外と鉄則通りなのです。大人の「家畜・ペット・動物園・野生」などという分け方だと、「豚をペットとして飼っている人もいるけど、それは家畜なのか？」「象は動物園にもいるし野生でもあるけど、どっちに分類するの？」と、思い込みや曖昧な基準が多いことに気づきます。

そして、「陸・海・空」で分けるなら「いる場所」ではなく「移動手段」のほうが適切なのではないか、と新たな疑問を感じたりします。

この階層分けの時点で「もれなく、ダブりなく」というルールに沿っていることが大切です。そうすることで、自分だけの思考ではない基準が明確になり、他の人にも同じような分類してもらうことが可能になるからです。

たとえば、「爬虫類・哺乳類」などで分けると、「鳥」は動物名ではなく「鳥類」というグループになり、そこに入れるための「ハト」「スズメ」「ムクドリ」など、もっと細かい階層が必要だということに気づきます。そして、同じ階層にあるものを一定の法則（たとえば地球上に生存している数とか）で順番をつけると序列になります。

また、具体的な哺乳類の名前を挙げていき、「これらが哺乳類です」と説明に使うこともできますし、「哺乳類というのは……」と階層の上から順番に説明していくことも可能です。

このように、階層や序列を意識してマインドマップを描くと、頭が整理されていきます。全体像を俯瞰することができるので、結論から話すことも、詳細を積み上げて伝えていくことも可能になります。自分が理解しやすいように思考を整理すると同時に、伝える相手に理解してもらいやすいように確認することが可能になるのです。

思考における「具体と抽象」「全体と詳細」の行き来が自由に行えるようになるため、話の脱線もなくなります。

構造的なマインドマップを描けないとしたら、それは自分の思考に盲点があるということになります。スコトーマ（盲点）だとかミッシングリンク（欠けている繋がり）と言われるものです。わからないことは描けない。知らないことも描けないのです。

でも実は、マインドマップを描くことでわかるようになるのです。描かなければ、わかっているのかわかっていないのかさえ、気づくことができません。論理的思考が苦手な人は構造化自体が難しいので、マインドマップを描くと問題に取りかかりやすく、自分の弱点を理解しやすくなるでしょう。

マインドマップで最大のパフォーマンスを

情報の整理という点でも脳力を高めることができます。

マインドマップは単語を枝（ブランチ）の上にのせていきます。文（フレーズ）ではなく単語なので、思いついたことをサクサクとのせていくことができます。

人の短期記憶をつかさどるワーキングメモリは、わずか20秒（！）しか記憶できないと言われています。そのため、ひらめいた瞬間に文（フレーズ）で書き留めようとすると、肝心なところを記録する前に忘れてしまう、ということが起きます。「文の冒頭から書きはじめて、肝心のポイントにいきつく前に忘れちゃった！」という経験は多くの人がしているでしょう。

要点から書く、ということが当たり前にできるようになるのがマインドマップです。ワーキングメモリーの機能を知り、せっかくのひらめきをドブに捨てないようになる！　そのためのツールだといえます。

脳をフローの状態に導く

また脳が集中して、なおかつリラックスした状態になると、いわゆる「フロー」とか「ゾーン」と呼ばれる状態になります。この時、本人が自覚している以上に最大限のパフォーマンスを発揮するといわれています。ずっと考えていたことが解決したり、それまでひらめかなかったアイデアがひらめいたりします。

脳が「集中」し、なおかつ「リラックス」しているというのは、矛盾している状態と言えます。ふつうでは同時に体験しにくい状態を、同時に体験するからこそ、普段以上のパフォーマンスが可能になります。マインドマップを描くことで、この脳の働きを身につけることができるのです。

それは、一枚の紙の上で、「全体の俯瞰」と「部分の把握」を同時にすることで、脳のパラレル（同時並行）思考が活性化するためです。

心理学者のハワード・ガードナーが唱えた「多重知能」という理論によると、人にはさまざまな知能があります。そして、得意な知能を伸ばすことによって、潜在的なほかの知能も開花していくそうです。

マインドマップを描いているとき、わたしたちは同時に多くの知能を使っていることがわかります。

言語的知能「次の枝の上にどんな単語を書こうか？」（要約力）

身体・運動感覚的知能「枝ぶりを美しくしてみたい」（美的観点）

視覚・空間的知能「どこに枝を伸ばそうか？」（思考の戦略・俯瞰力）
論理・数学的知能「何色の枝を描くとわかりやすいか？」（編集的な観点）
内省的知能「自分が心地よく描けるか？」（バランス的観点）
博物学的知能「どんなマップを描いているのか？」（全体の把握・目的意識）

このように全体の様子や細部にわたって、それまでのプロセスを一枚の紙の上で把握しつつ描いているのです。つまり「どれか1点だけにこだわる」という思考ではなく、「全体を捉えてゴールから落とし込む」という思考プロセスです。

また、左脳的に考えるだけでなく、右脳的に色や配置を考えるということが、常日頃は無自覚に自分で設けている思考の制限を取り除く大きな助けとなります。そして、さまざまなタスクを同時並行的に行うことで、脳が高速回転しはじめるのです。

紙の上だけというスペースの制限があるので、集中が途切れることもありません。途中で適度にペンを替えたり、枝を増やすことで気分転換にもつながります。一定の時間、そのような作業を行うことで、日常では体験しにくいゾーンやフローといわれる状態に脳が導かれるわけです。

なぜ良質なアイデアが生まれるのか

マインドマップで出てくるアイデアが、良質であると言われるのはなぜでしょうか。それは、自分の中に無自覚ながらもっている「制限」が取り除かれているからです。

アイデアというのは、「既存の情報と既存の情報の新しい組み合わせだ」とジェームス・W・ヤングの『アイデアのつくり方』（CCCメディアハウス）という名著の中でも説明されています。すでに知っている情報をいかに組み合わせるかが大切なのであれば、情報を多く持っているに越したことはありません。そのほうがアイデアが思い浮かべやすくなるからです。

しかし、多くの人は「この組み合わせはありえない」「どう実現するのかわからないから……」と、せっかく浮かんだアイデアを拾い上げることなく捨ててしまっています。

マインドマップで楽しみながら集中していると、だんだんリラックスしてくるため、「こんなものもありかも」「とりあえず描いておくか」と、自分の中から湧き上がる感覚を受け入れやすくなります。その癖がつくと、リラックスの度合いも深まるため、日頃意識しにくい「直感」の精度が高くなっていくのです。

知識や経験のある人の直感は頼りになります。脳の情報処理の能力は、わたしたちが意識できるより非常に速いとされています。そのため、頭の中に情報が詰まっている人は、それを自覚できないほどのスピードで処理しているとも考えられるのです。その情報処理の結果が「直感」として表れるというわけです。

情報を持たない人の「ヤマカン」とは、似て非なるものと言えるでしょう。だからこそ、日頃からの良質なインプットが大切になりますし、良質で多量のインプットのためにはマインドマップは必要不可欠なのです。

効率的に情報を得るには

あふれる情報をマインドマップで効率的にインプットできるのは、単語で描くということももちろんですが、自分の得意な思考パターンや思考プロセスをマインドマップ上で繰り広げることができるからです。

人には学びやすい思考パターンや、理解しやすい思考プロセス、優位感覚があります。

優位感覚とは、自分の得意な感覚のことです。人には五感が備わっています。視覚・聴覚・嗅覚・味覚・触覚です。これを大きく分類すると視覚・聴覚・体感覚になります。そして、利き手があるように、感覚にも得意な感覚があると言われています。マインドマップを日本に広めた神田昌典氏は、こんな説明をしています。

視覚型の場合、目で見たものにパッと言葉で反応するので、非常に早口で、次から次へと話が飛ぶ傾向にある。

聴覚型の場合、人の話を聞くのが得意で、考えをまとめてから話す傾向がある。視覚型は聴覚型に対して「話すのが遅い」と感じるが、間を置くと、聴覚型はさまざまな観点から分析したすばらしいレポートをまとめたりする。

体感型は、温かいとか冷たいなどの感覚で認識するタイプで、言い方のニュアンスや表情などに敏感で、「この人は温かく見てくれている」といった認識が先にくる。

（ダイヤモンド・オンラインの記事より）


自分なりの思考パターンやプロセスや優位感覚をもとにマインドマップで情報をインプットしていくと、インプットされた情報は、記憶に残りやすくなります。なぜならば、人の記憶には「ネットワーク記憶」というものがあるからです。意味のない言葉や数字の羅列は記憶できなくても、ちょっとしたストーリーがあると、覚えたり思い出したりしやすくなります。マインドマップは、自分の頭の中のストーリーそのもの。だから、多量の情報をインプットすることも記憶することも可能になるのです。

アウトプットの質が変化する

マインドマップはブレスト（ブレインストーミング）に向いています。それは、アイデアをたくさん出す「発散」だけでなく、出てきたアイデアの種を分類したり整理したりという「収束」にも言えることです。

脳はいくつものことを同時並行（パラレル）で処理できますし、ひとつのことに集中することでさらにパフォーマンスが高まる、という機能もあります。「アイデア発散」のマインドマップを描いてから、収束のマインドマップを描くという方法をとれば、目的を明確にして、取り組むべき課題に集中するという点でも、アウトプットの質と量が格段に変化するのが感じられるはずです。

人が成長し続けるためには、学び続けることが必要です。マインドマップを活用すればインプットが容易になり、情報が記憶に定着しやすくなります。多くの情報が記憶に定着することになれば、アイデアも発想しやすくなるでしょう。

また、全体を俯瞰して「結論と詳細」の行き来が自由に行えるようになれば、他人に対してわかりやすく伝えることができるようになります。相手の思考プロセスを理解して伝えることも可能になるでしょう。マインドマップを描く人が同時に「説明上手」であるのは、話に脱線や抜けがないという理由だけでなく、話の全体像をきちんと把握しているからに他なりません。

マインドマップでコミュニケーション力アップ

マインドマップでは、論理的な考え方だけでなく、コミュニケーションの基本である「自分を理解する」「相手を理解する」ということまでできます。

たとえば「今度海に行こうよ！」と言われたら、どんなことを思い出しますか？　幼稚園や保育園の子どもであれば、イメージする海はかなり明確です。きっと過去に行ったことのある海を思い浮かべているはずです。親なら、その子がどんな海をイメージしているのか、一瞬にしてわかることも多いでしょう。

しかし大人になるとそうもいきません。なぜならわたしたちは、すでに色々な海を経験しているからです。国内の海なのか海外の海なのか？　季節はいつなのか？　どうやって行ったのか？　どんなメンバーと行ったのか？　どんなことをして過ごしたのか？　などなど……。過去の経験が違えば、「海に行く」というイメージにも違いが生じます。

「どんな海に行きたいのか」「海でどんなことをしたいのか」などについても、人それぞれの思いは簡単に理解し合えるものではありません。たとえ一緒に海に行ったとしても、理解し合えたかどうか疑問が残る場合もあります。

誰かと旅行に行くと、「そんなつもりじゃなかった！」とトラブルになったことのある人も少ないと思いますが、それは行動レベルでしか共通認識を持っていなかったからなのです。「海」をテーマにマインドマップを描いたとします。そうすると「自分がどんな経験をしてきて」「どんな印象を持っていて」「何を大切だと考えているのか」が明確になります。考えが明確になれば、他の人に上手く伝えることができますし、受け取る側もわかりやすいはずです。

たとえば家族で海に行くとしても、そこでやりたいことだけでなく、「理想の家族像」「子どもの人生計画」にまで思考が及ぶかもしれません。

「海に行きたいね〜」と盛り上がっている二人は、会話だけを見れば同じ話をしているように思えます。でも、マインドマップを描いてみると、一人は家族と楽しむ近場の海を、もう一人は海外のおしゃれなリゾートを想像していたりもするものです。

マインドマップ的な思考ができるようになると、「相手の海は、どんな海なんだろう？」と、頭の中で「海」から枝を広げながら想像し、相手を理解することができるようになります。

日常的なコミュニケーションほど、どうしても「自分の思い＝相手の考えていること」という勘違いが起こります。会話のスピードや簡潔さが優先されるため、深い部分での理解をしないまま、会話が流れてしまうのです。「どういうこと？」「なんのこと？」といちいち質問していたら、会話が進まないからです。「言っていること、ちゃんと理解されてないかも」と思いつつ、面倒だからと省略してしまうのです。

マインドマップにすると、理解しきれていない点に関しては枝を伸ばすことで、「理解しきれていない」「ここは、もうちょっと話を聞きたい」という意思表示が可能になります。自分のことを理解してもらえることは喜びです。そうすると相手のことを理解しようとも思いますし、さらに深く理解し合いたいと思うようになります。

会話での質問は、「否定」「拒否」のメッセージになりやすいのですが、マインドマップの場合は「深まり」「承認」「共感」など、肯定的な印象を生みやすいのです。言葉でのやり取りは「スピード」が理解力と捉えられますが、文字でのやりとりは「量」が理解力と捉えられるからだと考えています。

「おいしい」って何だろう？

「海に行く」という行動ではなく、感覚を表す言葉では、理解のズレが生じる可能性も高まります。具体的にいうと「おいしい」「やさしい」などです。

疲れていて甘さをおいしく感じるのか、汗をかいた後で塩味をおいしいと感じるのか、食べ慣れた味をおいしく感じるのか、珍しい味をそう表現したのか、食べ物と飲み物との組み合わせを表現しているのか、手の込んだ調理法を表現したのか……などなど、違いを考え始めたらきりがありません。

しかし、ふとした会話の中で「おいしいよ」と言われたら、そのときの自分の求めるものをイメージしてしまうことが多いのではないでしょうか。なぜだか人は、他人の考えていることはわからないと思いつつも、自分の考えていることは伝わっているだろうと都合よく考えてしまう傾向があります。薄味が好きな人が、濃い味が好きな人に「この味付けおいしいよ」と言ったとしても理解されるかどうかはわかりません。

マインドマップは、そんな行き違いを解消してくれるツールにもなります。マインドマップで思考をする習慣があれば、頭の中で枝を伸ばして、疑問を持ったり確認したり、という自問自答を行うことで客観的になれるからです。

マインドマップの「守破離」

マインドマップは書道のようなものだ、と最近つくづく感じています。

日本で義務教育を受けた人であれば、誰もがなんらかの形で習ったことがあると思います。得手不得手はあるかもしれませんが、書道は誰もができるものです。

でも、先生についてキチンと習うと上達も早いですし、基本から正しいやり方がわかります。自己流のくせも修正しやすいものです。そして、こんな風に書いていきたい、というお手本も手に入ります。

マインドマップも同じです。書道の筆跡や、墨をするのか墨汁を使うのかといったこだわりや、用途・使用目的による使い分けからなんとなく性格がわかるように、マインドマップからもその人の性格が伝わってきます。セントラルイメージへのこだわり、心を込めて描いているかどうかで、その人がマインドマップを描くことに「どんな目的を持っているのか、そこからどんな気づきを得ているかが感じられます。

習字の「止め・はね・払い」なども、枝（ブランチ）の描き方と共通しているようです。そこには自分のコンディションが映し出されます。気持ちが落ち着いているか、集中できているか。そんな違いが紙の上に、それを描いたときの感情や情景と一緒に記録され、記憶されるのです。反対に、枝を丁寧に描くことで、気持ちを落ち着かせ、集中力をアップさせる効果もあると思います。

書き初めは、新年の抱負や期待を込めて墨をすり、文字をしたためるものですが、まさにマインドマップも同じです。何より、白い紙に自分が思ったように描いていく、という点も同じですよね。「極める」という部分も似ています。書道でも、楷書だけでなく行書や草書などに進むにつれて、「極める」という要素が強くなります。

また、自分の進む方向によって道具も変わってきます。はじめは半紙であったのが、掛け軸にするような大きな作品、さらにはモップのような巨大な筆で描くなんてことも！　反対に、筆ではなく「ペン習字」という世界もあります。

筆記具へのこだわりも、追求していくときりがありません。書道に入れ込んでいくと、それなりの道具が欲しくなりますが、マインドマップに夢中になってくると、ペンやらノートやら、こだわりのツールが欲しくなります。「道具が良くなれば出来も良くなるのでは？」と、期待とともに道具探しが楽しくなっていくのも同じですね。

「守破離」に従って先へ

「習ったけれど、上達しなかった……」。そんな人もいるかもしれません。でも、それは書道そのもののせいではありません。練習不足であったり、子どもの頃に無理やり習わされていたりしたせいかもしれません。上達したいと思って習えば、つまりやる気があれば、年齢も性別も関係なく上達していくものです。

熱心に練習すれば、上達のスピードは早くなります。時間がなくて練習が十分にできなかったとしても、一枚一枚を丁寧に書いていけば上達していくでしょうし、諦めずに習い続けたら、いつかブレークスルーが起きます。

書道のさわりしか習ったことがなくても、日頃から美しい文字に触れる機会があったり、ノートを丁寧に書くようにしている人は、わずかな体験でもコツをつかむことができるものです。マインドマップにも同じことが言えます。いつ始めても遅いことはありませんし、やる気さえあれば、どんどん上達していきます。きちんと習ったことがなくても大丈夫。基本をおさえて、丁寧に描き続けていくことで、誰でもコツをつかむことができますし、上達することができるのです。

また、書道に「守破離《しゅはり》」があるように、マインドマップにも守破離があります。「守破離」とは、道を究めるためのひとつの教えです。

「守」は基本を身につける段階です。書道であれば「楷書」。文字を崩すことなく、先生のお手本どおりにひたすら繰り返し練習します。基本を身につけるために、あらゆる物事には、守るべきルールがあるのです。

「破」は、あえて基本を「破る」段階です。書道であれば「行書」です。かっちりと決まった楷書の型を自分流に崩し、個性を発揮していきます。「離」は最終段階。「草書」の段階です。それまで習ってきた型からも自己流からも離れて、自分自身の新たな境地を開拓することを言います。

マインドマップであれば、「守」は7つのルールにそって描くことです。それができてから「破」「離」の世界に入ります。

マインドマップのミラクルな効果を期待するあまり、ほんの数枚描いただけで失望したり諦めたりしてしまうのは、残念なことです。「守」にはそれなりの時間が必要ですが、書道ほどには時間はかかりません。ここだけが両者の違うところかもしれませんね。

面倒だと思うルールも、守るからこそ先への発展があります。マインドマップと書道が似ているというのは、日本独特の感覚かもしれませんが、2006年にインストラクター研修を受けて以来、定期的にトニー・ブザン氏のレクチャーを受けていますが、今でもそう感じます。事実、トニーは親日家です。日本食も好きですし、合気道や囲碁をたしなみます。そう思うと、あながち外れてはいないのでは、と思ってしまいます。

マインドマップは、いろいろなことに利用できるので、かえって「描きたいけど、何に活用すればいいのかわからない」というジレンマに陥ってしまう方もいます。

もし、あなたが「マインドマップを習ったけれども、どう使えば良いのかわからない」「特定の目的のためにマインドマップを使いたいけど、しっくりとこない」、そんなふうに諦めてしまっているなら、ぜひ本書で紹介する多くの活用例を参考にしてください。描き方だけではなく、使い方に主眼をおいて、たくさんの事例を紹介しています。「マインドマップが大好き！」という方もいれば、「たまたまマインドマップに触れた」という人の事例もあります。ぜひ、自分に置き換えて眺めていただけたらと思います。

気になる事例を読み込んでいただくもよし。
マインドマップを見比べるもよし。
活用方法を新しく考えるもよし。

過去に雑誌や本で紹介されてきたマインドマップは、どれもすごくきれいに描き込まれていて、自分にはそうそう簡単に描けそうにない、と多くの人が思ってしまったこともありました。また、そのような「作品」を競い合って描いて、あたかも「マインドマップコンテスト」のようになっていた時期もありました。そのような段階を経て、マインドマップが広まっていったのも事実です。

でも、これだけ広まったあとは、深めていくことが重要です。この本では、マインドマップを使いつづけて深めていった人の事例も多く紹介していきます。

マインドマップは描いて終わりではありません。マインドマップは「使う」ために描くのです。描き方は知っている。でも使い方がわからない。そんな人のためにこの本を書きました。この本で、マインドマップは〝使える〟ものだという実感を持っていただけたら何よりです。使い方、描き方も基本的には自由自在。ルールは守りながらも、縛られなくて良い。マインドマップは脳のクリエイティビティを発揮させるものです。

2

おさらいマインドマップ

7つのルールと3つのコツ

「7つのルール」をおさらいしよう

マインドマップには7つのルールがあります。ここでは簡単にまとめておきたいと思います（詳しく学びたい方は、ぜひ前作をお読みくださいませ）。

1「用紙」に
2「セントラルイメージ」を
3「カラー」で描いて
4「枝（ブランチ）」を広げていき、その上に
5「単語（言葉）」を描いていく

これで基本的なマインドマップを描くことができます。さらに、

6「構造化」
7「ＴＥＦＣＡＳ」

といったルールがあります。すでにルールをご存じでも、「なんだか上手く書けないんだよね」という方は、さっと読んでいただけるとよいと思います。

1　用紙――描き心地のよい紙を選ぶ

大切なのは「種類」と「サイズ」、そして「向き」です。

初心者にお勧めなのは、無地のＡ４の用紙を横に置くという方法。罫線や方眼などがないほうが描きやすいと思います。Ａ４サイズというのは、人がひと目で全体を俯瞰して確認できるサイズだそうです。横に置くのにも意味があります。わたしたちは、左右に広がっている世界のほうが、上下に長い世界よりも認識しやすいのです。

講座でも、「椅子に座って背筋を伸ばし、周囲を見回してください」と言うと、ほぼ１００パーセントの方が、まず左右に首を動かします。

もちろん、自分が描きやすい用紙やサイズで始めてみても問題ありません。ただ、こういった決まりに沿うと、それだけ早く慣れるようになると思います。

2　セントラルイメージ

まず、きれいな「絵」は必要ありません。

マインドマップでいちばん目を引くのが、中心に描いてある「セントラルイメージ」です。これは「セントラルピクチャー」ではありませんから、「絵」である必要はないのです。また、自分のために描くものなので、「セントラルイメージが描けないから」という理由でマインドマップを描かないのは、もったいないと思います。

本書にもさまざまなセントラルイメージが出てきますし、そもそもセントラルイメージがないものも。気負わず始めていただければと思います。

描く「時間」は5分程度です。右脳の活性化のためには、ある程度の時間が必要だと言われていて、その時間がだいたい5分程度だからです。サイズは、直径5センチ程度。余白がいっぱいあったほうがあとで描きやすいのでは、と小さめに描く人がいるのですが、実はある程度大きいほうが描きやすいです。講座では「にぎりこぶし」程度とお伝えしています。

枝（ブランチ）を横方向に伸ばすことが多いので、少し縦長のイメージのほうがいいかもしれません。

3　とにかくカラフルに！

3つめのルールは「色」。これは単純です。ブザン氏が言っているルールとしては、「とにかく色を使う」ということだけです。色に決められた意味はありません。

わたしの講座では、意識的に色を選ぶアドバイスもしています。気持ちが乗らないテーマに取りかかるときには、好きな色や明るい色が気分を上げてくれるものです。

筆記具は、ペンがおすすめです。滑らかに描ける水性ペンがいいでしょう。ブザン氏も「ステーショナリー（文房具）には贅沢をしなさい」と言っているくらいで、良い道具は良い思考につながります。色々試してお気に入りを見つけてください。

4　枝（ブランチ）はセクシーに

4つめのルール「枝（ブランチ）」には、「形」「太さ」「長さ」などのコツがあります。

まずは「形」です。私はいつも「セクシーなブランチ」と説明しています。女性のウエストラインをイメージできるような線です。根本が太くて先が細くなっていると良いでしょう。漢字の「しんにょう」の最後の「払い」だと思っていただくと、よりイメージしやすいかもしれません。

次に「太さ」ですが、セントラルイメージから最初に出ているものから、「大・中・小……」

と分かれていきます。メインブランチは塗りつぶしますが、その先に伸ばす枝は、細いペンで描いた細枝をなぞって太くしていくイメージです。

「長さ」と文字のバランスにも気をつけます。眼が余計な動きをしなくてすむように、枝の長さと文字の長さの差は、あまりないほうがいいでしょう。いわゆる「均等割り付け」で文字をのせていくといいですね。個人的には、短めの枝を描いて足りなかったら描き足す方法がやりやすいと思っています。

上手く描けないときは「手の指が広がっているように枝を伸ばす」ということを意識してみるといいかもしれません。

5　ブランチには文章ではなく単語をのせる

次のルールは「言葉（単語）」です。ブランチの上には、文章ではなく単語をのせていきます。そして単語も、ブランチの太さに合わせて、太くしたり細くしたりします。

セントラルイメージから最初に伸びている枝を「メインブランチ」と言います。これは、本で言えば「章のタイトル」。そのメインブランチにのっている言葉は、正式には「ＢＯＩ(Basic Ordering Idea＝基本アイデア)」と呼ばれています。

ひとつのブランチにのせる単語はひとつです。「1ブランチ1ワード」です。単語は名詞でも動詞でも、何でもＯＫです。同じ単語が繰り返し登場しても問題ありません。

6　構造化は意識しすぎない

構造化のルールは、「階層」と「序列」に分けて説明できます。

たとえば「世界」というブランチからは「アジア」「ヨーロッパ」「アフリカ」といった枝が伸びます。そして「アジア」からは、「日本」「中国」「韓国」など具体的な国の名前が出てきます。このように、次々と枝が順につながっていくのが「階層」です。

「序列」は、ある種の法則で並べ替えていくことを言います。たとえば国であれば、面積順であったり、人口順、ＧＤＰ順であったり。

このように「階層」と「序列」が組み合わされたマインドマップが「構造化されている」と言えるのです。

はじめのうちは、思いついた言葉をどんどんメモに出しておいて、それを後から分類してブランチにのせていくという方法が有効です。とにかく最初は「思いついたことをどんどん描く」ことをお勧めします。描き慣れてくると、アイデアを出しながらも、自然に階層を意識できるようになっていきます。

7　とにかくやってみよう

最後のルールは「ＴＥＦＣＡＳ」。「Ｔｒｉａｌ（試行）」「Ｅｖｅｎｔ（実行）」「Ｆｅｅｄｂａｃｋ（フィードバック）」「Ｃｈｅｃｋ（チェック）」「Ａｄｊｕｓｔ（調整）」「Ｓｕｃｃｅｓｓ（成功）」の頭文字をとったものです。これは、マインドマップを描く時の心づもりであると同時に、私にとってはトニー・ブザン氏から投げかけられた「人生の指針」だと思っています。最初に「試行」とあるのは「とにかくやってみよう」という意味です。

最初の一歩を踏み出すことで、すでに変化は起きています。最初から完璧なマインドマップが描けないのは当たり前。まず描いてみることで、気づきが生まれるものです。これは、マインドマップにおいても、人生においても同じですよね。

以上が、マインドマップの7つのルールです。このルールをすべて守っているものが「フルマインドマップ」、ルールの一部だけを取り入れたものが「ミニマインドマップ」と言われます。

語順について

最後にブランチの上に乗せる語順について、少しご説明します。のせる順番に正解はありませんが、順番によって続くブランチの単語が変わってきます。

たとえば「明日本を読む」という文を分解してブランチにのせていく場合、何をメインブランチにのせるかで、広がり方が変わります。

「明日」が一番にくれば、「明日↓本↓読む」の他に「明日↓部屋↓掃除」など、予定やタスクが続くと思います。「読む」が先にくれば「読む↓本↓明日」と並んで「読む↓新聞↓今日」など。「本」が最初にくれば、どんどん本のタイトルで広がっていくかもしれません。

このように、ブランチに乗せる語順で、広がり方は変わってきます。

さらに、「本」の後に「読む」という単語をのせたら、「買う」「借りる」に加えて「書く」などという発想も出てくるかもしれません。「明日本を読む」というスタートから、自分の奥深くにあった作家へのあこがれが垣間見えたり。

このように、マインドマップにのせる語順を変えるだけで、普段考えられないような思考が可能になるのです。「1ブランチ1ワード」を守ることで、それまでの思い込みから抜け出し、新たな自分を発見することができるようになります。

初心者向けの「3つのコツ」
――マインドマップを描いたことのない人へ

その1「とにかく描く」

裏紙と黒ペンでも構いません。マインドマップのようなものを描いてみましょう。テーマもどんなものでも構いません。自分の頭の中にある引き出しを全部開けて、中に入っているものを確認するようなつもりで描いてみてください。描いている最中は、戸惑いを感じることもあるかもしれませんが、描き上がったらマップ全体を眺めてみてください。「こんなことを考えていたなんて……」「意外と描けたなぁ～」などと、ちょっとでも感情が動いたらOK！

マインドマップの描き方は、箇条書きとは全然違います。人は慣れないものには違和感を覚えるものですが、時にそれは拒絶という形をとることもあります。もちろん「いつも同じこと」には安定感があります。しかし、安定ばかりを求めていると、「劣化」の罠にはまるのも事実。物にも経年劣化があるように、脳力も年々劣化していきます。同じ状態を何年も維持しつづけるということはありません。

マインドマップに新しい可能性を感じたなら、ぜひ最初の一歩を踏み出してみてください。

その2「ルールを取り入れてみる」

マインドマップのルールのうち、1～5が描き方のルールです（44ページ参照）。マインドマップの楽しさの片鱗に触れたならば、あとは取り入れやすいルールからひとつずつ取り入れていきましょう。色やブランチなど、すぐに取り入れやすいルールがある反面、「1ブランチ1ワード」などは取り入れにくい方が多いようです。でも大丈夫。最初に違和感があったとしても、だんだん慣れていきます。

ゲームやスポーツでは、ルールが使いにくいからといって、自己流にアレンジしてしまう人はそんなに多くはないと思います。なぜなら、ルールを守ることで面白さが増すということを知っているからです。

しかし、それが思考法になると、なぜか自己流にアレンジしてしまう人が多いのです。「自分なり」に取り入れるのではなく、一度は「お手本並み」に取り入れる。それを愚直に実行してみてください。その際には、ともかく「マインドマップは自分に向いている！」と思うようにしてくださいね。そうすれば、すぐに慣れてきます。

まずは違和感を横に置いて、脳の筋トレだと思って、慣れるまで何枚か描いてみましょう。

早い人だったら、立て続けに2～3枚も描けば、自分のものになったと感じられると思います。なかなか慣れない人の場合は、慣れた先の変化が大きい可能性が高いです。今までの箇条書きにすっかり慣れていて、新しいやり方が入り込む隙がない状態ということは、新しいやり方を身につけたら、過去のやり方との相乗効果が大きく期待できるということですから。

マインドマップは、開発されて30年も経っています。そして、その間ずっと改良され続けています。そして最終的に、ここまでルールが明確になってきたのです。改良されて、洗練され続けてきたものには必ずその理由があります。

マインドマップの「ルールを守って描く」ということを、ぜひ実践してください。

その3「マインドマップを習う」

公認インストラクターの講座だけでなく、マインドマップを使っている知り合いからでも構いません。習うことで、自分ひとりではかなわなかったマインドマップへの理解が深まるはずです。本で読んだだけだと「勘違いしていた！」ということもあるでしょう。そして、習うことで「これでいいのか！」と自信を持つことができるようになります。

公認インストラクターの講座ではないマインドマッパー（マインドマップを使っている人。いわゆるユーザーですね）から習う場合は、ひとりでなく複数から習うと良いと思います。マッパーによっては使い方に偏りがあったり、こだわりのポイントが違ったりするからです。

一時期は、活動している公認インストラクターが数人しかいなかったのですが、近年はイギリス本部の意向もあって、毎年多くのインストラクターが誕生しています。安くはない受講料と更新料を負担してインストラクターになっているので、どのインストラクターもマインドマップへの情熱は大きなものです。そうなると、あとは好みや相性。自分が「いいな」と思える使い方をしている人や、インストラクターになった背景に共感できる人に出会えたらラッキーですね。

インストラクターから教わるのであれば、アイデアを「丸パクリ」することをお勧めします。先にも述べましたが、「自分なり」ではなく「お手本並み」がポイントです。お手本並みに丸パクリできたら、そのインストラクターとほぼ同等のレベルまで習得することが可能です。せっかく習ったのですから、良いところは全部吸収しちゃったほうがお得ですよね。

初級者向けの「3つのコツ」
——何枚か描いたことがある人へ

その1 「お気に入りのアイコンをもつ」

何枚か描いたことがある方なら、マインドマップを使うジャンルがいくつかに絞られてきているると思います。そのジャンルでよく使うテーマやメッセージ、単語を、マークとしてアイコンにしてみましょう。どんなものでも構いません。♡マークだけでも良いです。同じ♡マークでも、色を変えることで意味を持たせるというのもアリでしょう。

自分の似顔絵で、笑顔と困り顔のアイコンをつくった生徒さんもいました。凝ったものである必要はありませんが、自分専用のアイコンをつくっておくとマインドマップを描くときに楽しさが加わります。そして、ちょっとした手間が省けて、他のことに目を向けられるようになります。

いつも使う単語を短縮してみるのも便利ですし、「これは使える」というアイデアをアイコンにしておくと重宝します。

わたしはセミナーを受講するときに、講師の話をマインドマップにまとめることがあります。

その際、♥マークと！マークを使います。♥マークには「大事」の意味を持たせ、講師が強調するポイントだけでなく、自分なりに大切だと感じたところにもつけていきます。！マークは「発見」の意味です。知らなかったこと、気づいたことにつけていきます。

このマークを使うようになってからは、マインドマップの見直しも、ますます簡単になっていきました。全体をさっと見直して、「♥」と「！」のマークのところを確認すれば良いからです。箇条書きのノートで、「たくさんメモしたけど、どこに何が書いてあるのかわからなくなっちゃった！」という経験をしている人には、ぜひおすすめしたいやり方です。

もちろんマインドマップだけでなく箇条書きにも応用できますが、マインドマップでアイコンを使う便利さは格段に上だと思います。論理的な思考に慣れている人は、話されている内容や自分が理解したことをイメージでとらえる練習にもなります。話を色や形でイメージすることは共感覚を育てる訓練になりますし、共感覚トレーニングはＩＱを高める方法のひとつとして広く認識されています。

共感覚とは、音を色や形でとらえたり、文字や数字に音を感じたり、通常とは別の感覚をもつことです。共感覚を鍛えることで、物事をイメージや抽象的な概念でとらえることができるようになり、知性が高まるといわれています。

その2「お気に入りの文房具を揃える」

マインドマップを継続していくためには、道具も大切です。新しいことを始めるときに「カタチから入る!」という方も多いはず。特にペンの描き心地はマインドマップの仕上がり……というか、脳への刺激に大きく影響します。またノートも、思いついた時に広げやすいとか、ついつい広げて見せびらかしたくなるとか、用途に合わせたものを買い揃えると良いと思います。

以前、とあるセミナーに参加した時に、こんな人を見かけました。

何かのプリントの裏紙をメモ帳サイズに切ったものを持参して、セミナーのメモをしているのです。メモを後から清書して処分するつもりなのかもしれませんが、それは面倒です。それに、いずれ捨てる紙にメモをするというのでは、どうしても雑になってしまいます。

マインドマップは、箇条書きのメモよりも枚数を少なく記録することが可能です。1枚の紙だと紛失してしまうこともあるので、お気に入りのノートとペンを用意することをおすすめします。お気に入りの文房具だと、大切にしますし、持ち歩きたくなります。持ち歩いていれば、使いたいときにすぐ使えます。マインドマップがますます身近になるはずです。また、仕上がったマインドマップも丁寧に扱うので、必然的に繰り返し見直すことになります。描く時の心づもりも違ってきます。

単にスタイルとして形から入るというだけに留まらず、マインドマップを継続しやすくするという効果があります。思いついたことを気軽に描けるようになれば、アイデアを逃すこともなくなります。お気に入りのノートにマインドマップをまとめておくことは、自分の思考を大切にすることにつながるだけでなく、思考の整理、行動計画へと発展します。また、こまめに見直すことで記憶しやすくなるという効果もあります。

その３「サインをする」

マインドマップを描きあげたら、日付とサインをしておきましょう。

何か追記したら、その日付も記録しておくと良いと思います。マインドマップは枝を広げて描き続けることが可能なので、「終わり」という感覚を持ちにくいものです。サインをすることで完了したと認識することができるのが、理由のひとつです。

そして、自分のマインドマップにサインをすることで所有意識、愛着も高まります。自分のマインドマップを大切にしようとする意識は、自分の思考やアイデアを大切にする意識へとつながっていきます。その意識は、柔軟な発想へと広がっていくでしょう。

また、ノートではなく、1枚の紙や時には裏紙に描くこともあるでしょう。その場合、サインや日付が書いてあると、紛失も避けられますし、順番がわからなくなったとしても、確認することが可能です。

紙の場合はファイルにまとめておきたいものですが、何枚も描いていると、どうしてもあちこちに散らばってしまいます（それを防ぐためにも、ノートを利用するのがよいですね）。ともあれ最初の一歩として、サインと日付を加えるというのは効果があります。

中・上級者向けの「3つのコツ」

その1「他の人のブランチで描いてみる」

最初のうちこそ「クリエイティブに考えてみよう！」とか、「いつもと違うまとめ方をしてみよう！」などとがんばってみるものの、慣れてくると、やっぱりいつもと同じようなマインドマップを描いている、ということはあると思います。ただ単に、放射状に描くことしかやっていない……という方もいらっしゃいます。

繰り返しますが、マインドマップは頭を柔らかくするノート法です。イマジネーションとアソシエーションを活用していくことがポイントです。そのためには他の人の脳を借りるというのも、良い方法だと思うのです。

他人の脳を借りる？　具体的にはどんな方法をとればいいのでしょうか。

2人以上で同じテーマに取り組みます。そして、ひとつのテーマに対してメインブランチを複数考えます。この場合、ちょっと多めに考えられると良いと思います。そして、考えたメインブランチを他の人と交換します。そうすると「どんなことを描けば良いの？」ととまどうような、まるで見当もつかない単語が手元にくる場合もあります。

たとえば営業成績を上げるという目標達成をするために考えられる方法を、同僚とマインドマップでブレストしていきます。メインブランチを見ただけでも、他の人の思考との違いに驚かれると思います。

人の思考には、優位性があります。マインドマップで描いていく場合は、次のどちらかの優位性が顕著になります。

・論理的な思考
・感覚的な思考

いつも自分の発想だけで描いていると、同じパターンのマインドマップばかりになりかねないのです。論理的な思考ばかりのマインドマップだったり、感覚的な思考ばかりのマインドマップだったり。

そして、この部分を刺激していくことで「だいたいこんなもんだよね……」という範疇を超えやすくなります。マインドマップに慣れていない時には、放射状に描いたり、カラーを多用したりすることだけでも脳への刺激になるものですが、慣れてくると、そういった刺激だけでは充分ではなくなります。このような時期にマインドマップをあきらめてしまうのです。これは本当にもったいない！

マインドマップは個人で活用することが多いので、刺激の加え方が難しいのは事実。「描くテーマ」を変えるというのもひとつの方法ですが、特にビジネスで活用したい人にとっては、この方法は向いていません。

では、一緒に描く人がいない場合は、どうしたらいいのでしょうか。そのような時は、周りの人に「この問題（目標や課題）を考えていくには、どんな要素があると思う？」と質問して、出てきた単語をメインブランチに乗せてみましょう。描きにくいこともあるかもしれませんが、描きにくいほど脳への刺激になっていきます。それこそ、いつもの思考プロセスではすぐには思いつかない、という証拠です。クリエイティビティはこんなときに発揮されるものです。

もし、他の人からもらった単語だけではどのブランチにも自分の単語を乗せられない……などという場合は、自分のアイデアのブランチを加えてみるのもいいでしょう。なるべくなら、いつもの王道のブランチではなく、いつもよりちょっとユニークなアイデアを足していけるといいですね。他の人のブランチとの相乗効果を体感しやすくなると思います。

その２「対極の考え（アイデア）を描いてみる」

対極の考え、反対意見をマインドマップに必ず描く、という方法があります。この描き方をすれば、論理的な思考を鍛えることができます。これもマインドマップで頭を柔らかくする方法のひとつです。

マインドマップは、自分の脳を俯瞰できるところが素晴らしいのですが、そのためには、自分の思考やアイデアだけに凝り固まっていないほうがよいでしょう。自分の意見やアイデアに自分で反論するというのは、そのためのひとつの方法になります。反対意見を加えることで、さらに冷静に客観視できるようになるのです。

アイデアのメリットとデメリットを出し、そのデメリットを解決する方法を考えていたら、新しいアイデアが浮かんだ、というケースはよくあるものです。一般的には会議やミーティングなど、双方向のコミュニケーションの中で新しいアイデアが生まれやすいのですが、それをひとりで紙の上でできるのが、マインドマップのすごいところです。この思考を経験しておくと、反対意見を持っている人にもわかりやすく説明ができるようになります。

また、構造化のルール（49ページ）との相乗効果で、日常的に論理的な思考ができるようになっていきます。また、その論理的な思考にイメージを加えて説明することもできるので、親しみやすい印象も与えられます。論理的な思考と感覚的な思考の融合が起こるわけです。

最初のうちは、描くことが増えて面倒だと感じる人もいるかもしれませんが、思考に奥行きが加わっていくことを実感できると思います。ぜひチャレンジしてみてください。

その3「短時間で描く×何度も描く」

集中することで、いつも以上のパフォーマンスが出せたという経験はないでしょうか。「短時間」という制限を設けることで、意図的に集中モードをつくるのがこの方法です。具体的には、マインドマップが描き上がらない程度の時間で切り上げ、それを何度か繰り返します。「短時間×回数」という形です。

脳は、やり終わっていないことがあると、終わらせたくなる機能をもっています。この方法では「描き終わらない程度の時間」しか設定されていないため、爆発的な集中力が必要とされます。また、「もっと描きたい！」というところで切り上げることで、それを完成させたい気持ちが残るものです。描いていない時にもマインドマップのことを（正確にはマインドマップに描いているテーマのこと）を考えることになります。それを何度か繰り返すことで、日頃考えていないような深い思考を誘発できるのです。

一見、中途半端に思えるマインドマップの描き方ですが、日常的に同じような経験は多いのです。たとえば、通勤時間に本を読んでいたら、すごくいいところで駅についてしまった。ドラマはいつも気になる場面で「つづく」となるなど。そんな時には「早く続きが読みたい！見たい！」という気持ちだけでなく、「この先どうなっていくのだろう？」と想像力が働きます。その想像力がマインドマップ慣れした脳に、刺激を与えてくれるのです。つまり、その

「中途半端さ」が重要なのです。

描くときのポイントは「物足りない」というところでやめること。感覚的には「半分ちょっとしか描けていない！」というくらいでやめる。自分の感覚に敏感な人は、集中のピークがちょっと下がってきたところ（7割から8割になった時点）で切り上げるとよいでしょう。

途中で切り上げてから、次にマインドマップを描くときまでの間隔は、いろいろと試してみましょう。特に決まりはありません。短すぎると「中途半端な状態で終わりにした」という感覚が得られないので、短くても30分とか1時間は空けるようにしましょう。

途中でちょっとだけ身体を動かすとか、別のことをするのもおすすめです。家で描いているのであれば、マインドマップを広げたままでちょっと片付けや掃除をする。そして、また描く。買い物に行ってくる。また描く。夜寝る前にまた描く。翌日、お気に入りのカフェでまた描く。週末にまた描く……。といった感じでしょうか。

こんなふうに身体が動いていると、脳の機能が活発になります。掃除の途中で「新しいアイデアが浮かんだ！」なんていうこともあるかもしれません。

1回目から2回目、2回目から3回目……と回数が増えるにつれて、だんだんと次のマインドマップにとりかかるまでの間隔を長くしていくのもポイント。表層的な思考から深層的な思考になっていくと、そうそう簡単に新しいことは思いつかなくなってくるからです。

マインドマップから離れている間に思いついたことは、メモ用紙などに書き留めておきましょう。脳のワーキングメモリーはたったの20秒。忘れてしまったらもったいないですよね。このワークをやるときにはメモ帳とペンは必携です。

これは普段考えていないことを思いつくための描き方なので、何回もチャレンジしてみてください。せめて片手の回数くらいはやってみてください。そして、その都度、同じブランチでも、1回目は青、2回目は水色、3回目は緑……といったように、毎回色を変えるといいと思います。慣れを作らないための方法です。

この方法は、脳の機能を理解した上で行うと違和感が少なくなります。中途半端さが気持ち悪いと感じる人がいるため、中上級者向けの描き方だと思います。

あれこれ試してみよう

以上、マインドマップにどれくらい慣れているかによって、いくつかアドバイスをさせていただきました。

共通していることは「あれこれと試してみる」ということです。マインドマップは、こうでなければならない、と枠に当てはめるものではありません。人それぞれ個性があるように、マインドマップにも1枚1枚が個性があって良いのです。

デジタル系（ソフトウェア）のマインドマップ

仕事でマインドマップを使う人の中には、手描きのマインドマップよりもソフトウェアのマインドマップのほうが断然便利だ、と言い切る人も少なくありません。本書に掲載しているものにも、いくつかソフトウェアで描かれたマインドマップがあります。

多くの人が「便利だ！」とおっしゃるのは、ブランチやワードの入れ替えが自由自在だという点。そして、共有しやすいことです。さらに、保管（保存）にも向いています。手描きのマインドマップとソフトウェアのものは、用途が別だと捉えることができるでしょう。

デジタルツールに慣れている方は、手描きよりも心理的な抵抗感がなく取り組みやすいと言われます。わたしたちの脳の情報処理モードは、紙に印刷したものを読むときには「能動的にチェックしつつ、情報を取り込んでいくモード」になり、テレビやコンピューターの画面を見るときは「全体的なパターンや流れを追うモード」で、大量の情報を短時間に処理する受動的な状態になるそうです。

本の原稿でも、パソコンで書いているときには気づかなかった誤字・脱字を、プリントした状態で見ると一目で発見できるものです。日常的にデジタル機器に慣れている方なら、ソフトウェアが向いているのではないかと思います。

また、長期的に取り組むプロジェクトや人生設計などでは、保管のしやすさなどからもソフトウェアのほうが適しているようです。紙面の制限がない分、追加もしやすいですし、紛失の可能性もなくなります。

描き加え続けられるのは、紙よりもソフトウェアでしょう。手描きだと描くスペースがなくなってしまって、新たに別の紙に描いたりすることもありますが、ソフトウェアなら無制限です。セントラルイメージからいくつかの階層を経た先の単語が、新たなセントラルイメージのようになって、どんどん広がっていくこともできます。思考を停止せずに、すべて出し切るまで取り組めるのです。

そして、意外と多いのが、ど忘れした漢字を思い出したり調べたりする煩わしさがない点が好みという方も。

手描きだと、個人のキャラクターや体調などが自然と表現されますが、ソフトウェアは、そんなことに関係なく同じように仕上がります。これは、メリットにもなり、デメリットにもなるということを念頭に置いておいてください。

マインドマップを「見る」

マインドマップは描くことが目的ではなく、描いた先に達成したい目標があるはずですし、その目標達成こそが本当の目的です。目標達成のためにマインドマップを自分のものにしていくためには、２つの行動が効果的です。

・マインドマップを描く
・マインドマップを見る

この2つです。「描く」だけでなく「見る」ことが同じくらい重要です。単に放射状に伸ばす枝や、色使い、全体的な印象を見るのであれば、どんなマインドマップでも構いません。それだけでも十分に参考になります。可能であれば、自分の興味に近いマインドマップを見て、そこに並んでいる単語を読みながら思考の展開の仕方なども感じられると、考え方や使い方の参考になるでしょう。インターネットで検索すれば、たくさんのマインドマップが見つかりますし、SNSで公開している方も多いですね。ぜひ、カタログを眺める気分でたくさん見てください。

他人のマインドマップから自分の強みを知る

マインドマップは自分の内面をアウトプットするものですが、実際には自分の内面、自分にとってあまりに当たり前だと思っていることは、アウトプットしにくいものなのです。その自分の感覚を知るためには、肯定的な形での他者との比較が役に立ちます。

他の人のマインドマップを見て「こんな考え方をするんだ〜」「ここで飛躍している……」など、感じたことを自分のマインドマップでアウトプットしていくと、自分のこだわりや暗黙知の発見につながります。マインドマップは、自分ができていないことをするためのツールとしても存在していますが、もともと持っている自分の強みを発見するツールでもあるのです。

だれかと一緒に仕事や作業をしていて「なんでコレをやらないんだろう?」「もっとこうすれば良いのに……」などと、ちょっとイラッとくることや、「これができないのかぁ〜」と不思議に思うようなことってありますよね。

実は、そう感じることの中に、自分の強みがあるのです。つまり、自分は当たり前のようにできるから、「できない」ということがわからない、というわけです（しかも、ご自身のレベルが高い場合がほとんどです）。

当たり前に、しかも高いレベルでこなせていることに関して、人は往々にして「噛み砕いて、手順を追って、わかりやすく」説明したり、教えたりすることができません。そのようなときに、マインドマップを使って手順を詳細に表現しておくと、自分がどんなことに重きをおいて、どんなことを考えながら、どういう配慮をして、どの順番で、どう行動しているか、ということを自問自答することができます。これは、自分の強みの確認にもなりますが、周囲の人との共有財産にもなります。

自分と他人の比較には、自分の「キラーコンテンツ」の発見というメリットもありますので、ぜひ肯定的に行ってください。

この肯定的というのは、実はとても大切です。なぜなら、人と比較することで「自分はダメだ〜」と落ち込む人が一定数存在するからです。一定数というのは半数以上。体感的には7〜8割です。自分の強みを見つけるための行為が、自分を落ち込ませることになってしまっては本末転倒。自分に足りない部分が見つかったら、そこは「真似してみよう」くらいの心づもりで比較できると良いと思います。

強みは、それを自覚することで、さらに強力な強みとして活用できるようになりますし、自分だけではなく周囲のためにも生かせるようになっていきます。周囲に対して違和感をもつところ、イラッとしたり、不思議に感じたりするところをマインドマップにして、強さを魅力に変えていくという体験をしていただけたらと思います。

それでは次章からは、いろいろな方のリアルな「ふだん使いのマインドマップ」をご紹介します。

3

みんなの「ふだん使いのマインドマップ」【生活＆子育て編】

いろいろなお悩み解決に役立ちます

マインドマップで禁煙に成功！

須田将昭さん

長年の生活習慣を変えるのは、簡単なことではありません。「やめなければならない！」と思えば思うほど、やめるべき行為（喫煙、飲酒など）のほうに意識が向いてしまうからです。マインドマップで気軽に取り組んだことで、思いがけず禁煙に成功した須田さんのお話を紹介します。

私は20歳から20数年、毎日1箱吸うほどのヘビースモーカーでした。何度か禁煙に取り組んだこともありますが、すべて挫折していました。一度は職場の「禁煙セミナー」に参加し、産業医のカウンセリング、ニコチンパッチなども処方してもらっての禁煙チャレンジでしたが、1カ月程度で終わってしまいました。過去20年以上の喫煙歴の中で、最長の禁煙期間はおそらく半年ほどでしょう。

ある日曜日の夕方のことです。

タバコが切れたのでカバンの中を探ったら、買い置きがあると思っていたのにない！家からいちばん近いコンビニまで歩いて10分弱かかります。外出するには着替えまでしな

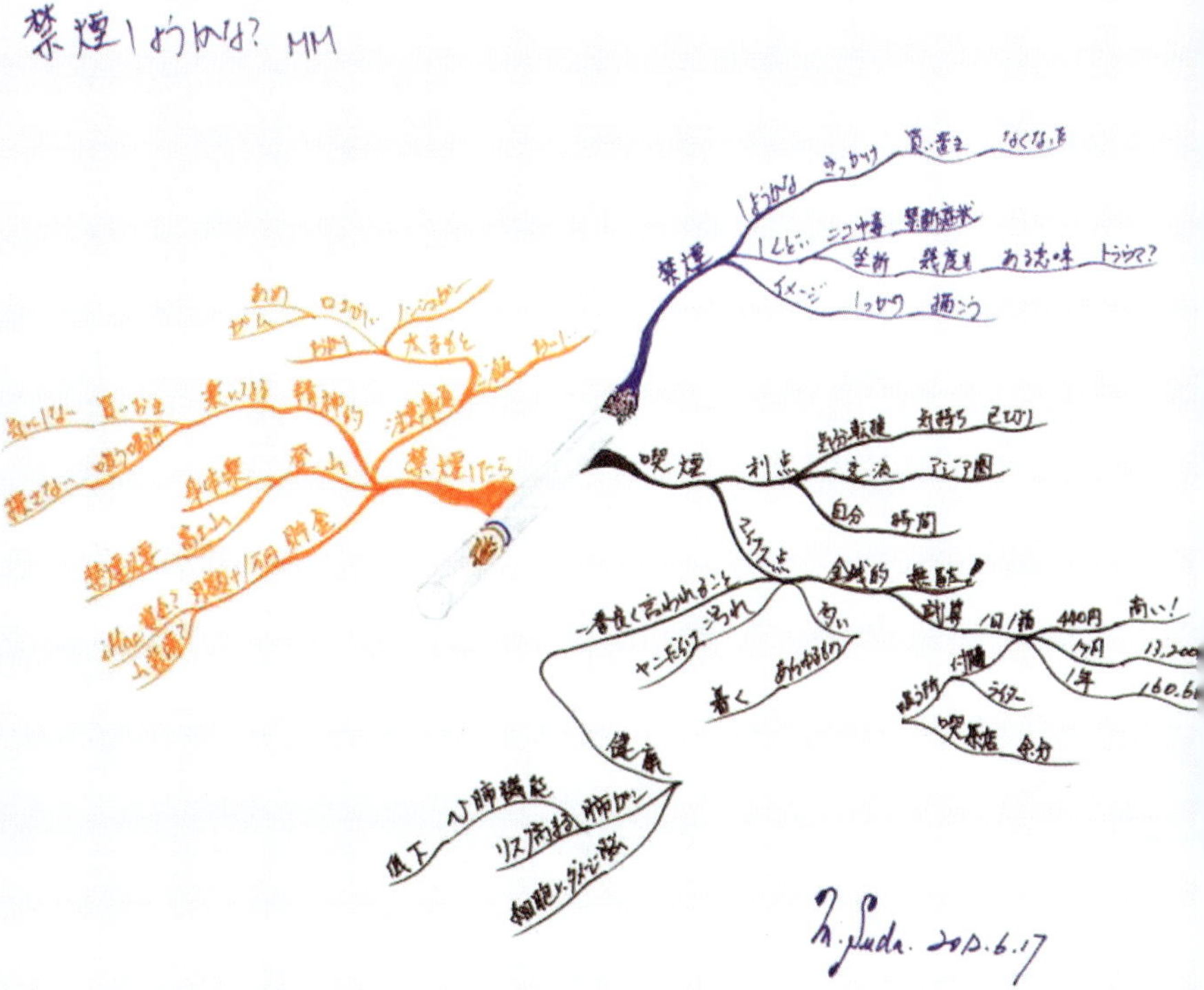
禁煙しようかな? MM
禁煙
禁煙したら
喫煙
利点
精神的
健康

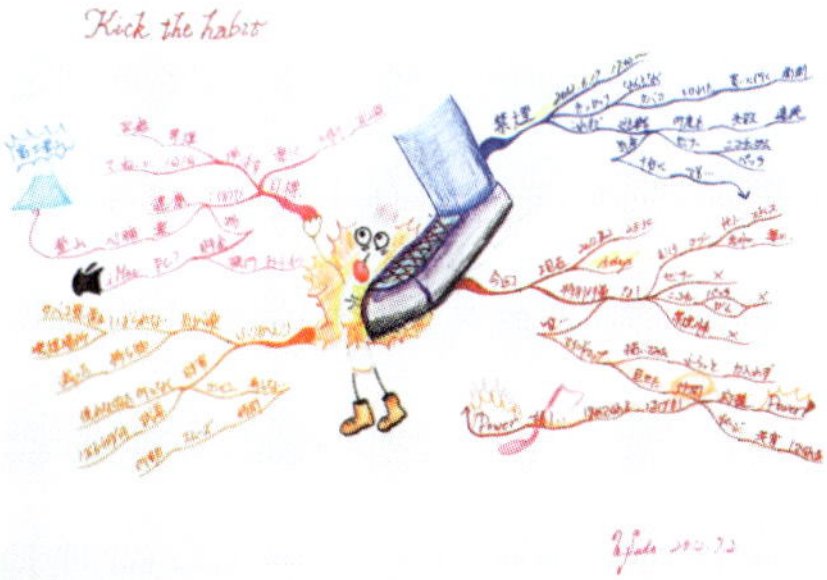
Kick the habit

いといけない。「なんて面倒な！」という思いと同時に、「禁煙しようかなぁ」と漠然とした考えがうかびました。

この「漠然と」というのがポイントだったのかもしれません。そして、なんとなく思うことをマインドマップにまとめたのです。その時は、「禁煙するぞ！」と心に強く誓っていたわけではありません。その辺が、まだ火が点いているタバコがセントラルイメージになっているので分かります。ものすごく未練たらしいセントラルイメージです。

もう一枚のマップに書いてある「kick the habit」というのは、「悪習慣を絶つ」という意味の英語のイディオムです。最初に「禁煙しようかな」と思ってマインドマップを描いてから約2週間。意外なことに、特に禁断症状に苦しむこともなく、自然と禁煙状態が続いていました。

この段階ではっきりと「よし、禁煙だ！」という強い気持ちに切り替わったようです。kｉｃkに引っかけて、タバコを思いっきり蹴り飛ばすセントラルイメージを描き、2週間の振り返りと、今後の目標や禁煙で目指すイメージ等を「見える化」しました。

実はこの2週間後、悪友との飲み会の席で数本吸ってしまったのですが、いつもなら、これで禁煙は終わり。また喫煙者（それもヘビー）に逆戻り……というのが、これまでのパターンだったのですが、その日だけですんだのです。

このちょっとした後戻りを起点にしても20カ月以上、禁煙が続いています。すぐ横でタバコを吸われても吸いたいと思わないですし、もうすっかりニコチン中毒から解放されているると感じます。

「禁煙！」と大書して禁煙にチャレンジしても、なかなか続きません。でも、マインドマップでじっくり「禁煙することでどんな良いことがあるのか」「喫煙生活を続けるとどんなマイナスがあるのか」「禁煙が達成できたらどうするか（ご褒美）」などを「見える化」したことで、脳がしっかりニコチン中毒との戦いを乗り切ってくれたのではないかと感じます。

禁煙に続いて「ダイエット・マップ」を描き、今はダイエットにチャレンジ中です。

長年の生活習慣を変えるときには、一大決心をして一枚のマインドマップに全精力を注ぐよりも、達成したことにフォーカスを当てつつ、数枚ものマインドマップで新しい習慣へのストーリーを描いていくと、成功しやすくなると思います。須田さんのマップの枝も1枚目のものよりも2枚目のもののほうが意志の強さが表現されているように見えますよね。

現在までの禁煙歴は丸3年を超えたそうです。時々タバコを吸う夢を見てうなされることはあるようですが、すばらしい習慣化ですね。

年末の大掃除プロジェクト

伊澤和浩さん

小学校の先生、そして家庭では3人のお子さんのお父さんとして、それぞれの成長に応じて丁寧に伝えることを大切にされている伊澤さん。子どもにとってもマインドマップは理解を助けてくれる強い味方です。

年末恒例の大掃除の前に、家族でお茶を飲みながら、マインドマップを描いてみました。セントラルイメージには、ピカピカになったわが家と、その2階のベランダに立つニコニコ顔の子どもたち。目指すところはここだねと確認し、メインブランチを描いていきます。

メインブランチは大雑把に1階と2階、その他と、やるべきことを「見える化」し、分担も書き込んでいきます。この日は家内の誕生日だったので、ブランチを「特設」しました。そのための準備もしていきます。

やるべきことが明らかになったところで、左上に時間軸を取り、大雑把に一日の予定を立て、スケジュールを俯瞰してみました。こうすることで、その日、何よりも大切な「お母さんのお誕生日パーティー」を意識させることができました。

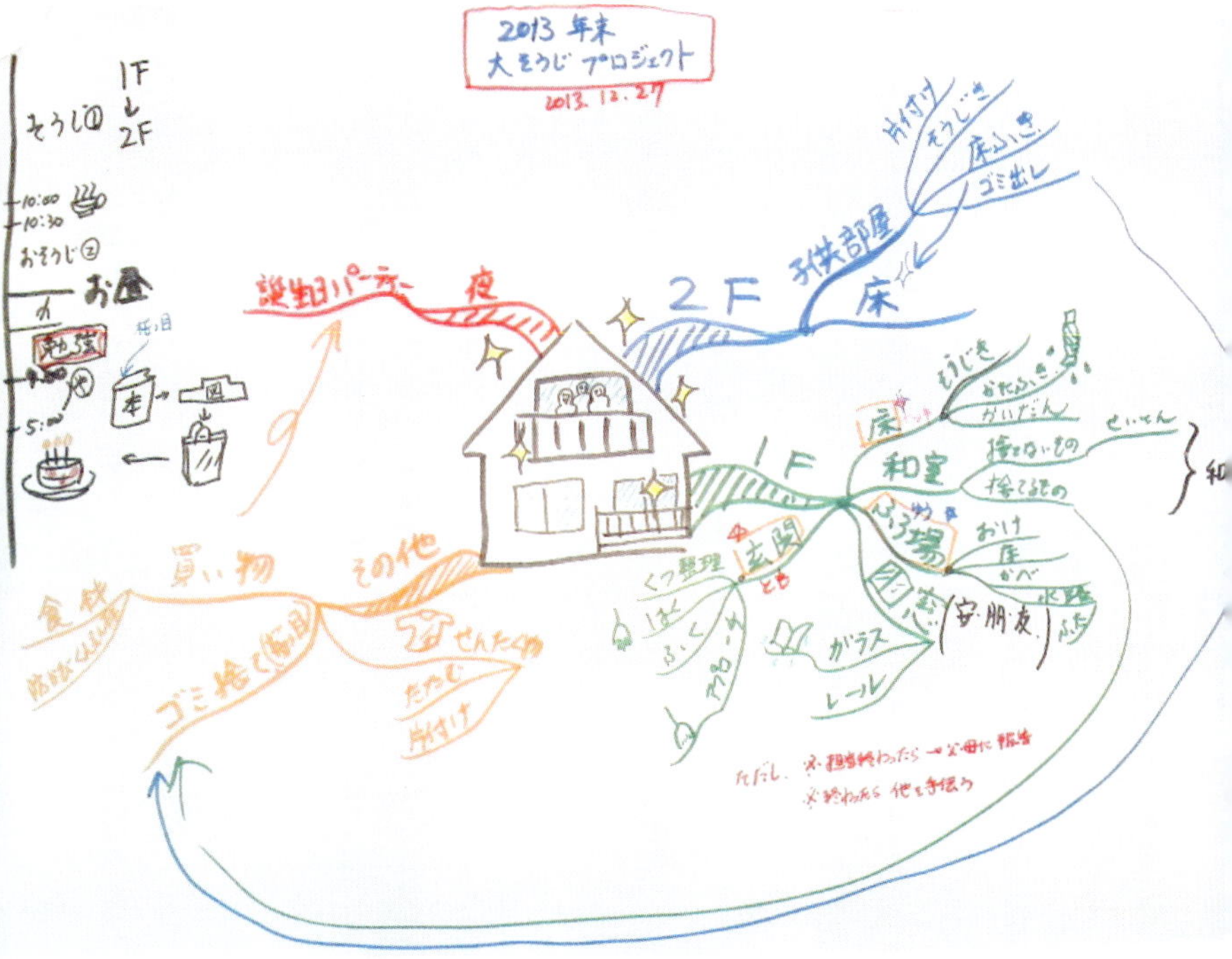
2013 年末
大そうじ プロジェクト
2013.12.27
2F
子供部屋
床
片付け
そうじき
床ふき
ゴミ出し
1F
和室
捨てないもの
捨てるもの
せいとん
玄関
くつ整理
はく
ふく
ガラス
レール
おけ
かべ
誕生日パーティー
夜
買い物
その他
食材
ゴミ捨て(毎日)
せんたく物
たたむ
片付け
そうじ①
1F
2F
おそうじ②
お昼
10:00
10:30
5:00
本

おかげで、午前中は「勢い」が違いました。効率的にお掃除を終わらせた後、午後は子どもたちは勉強、親たちはちょっと一服。そして夜の誕生日パーティー。もちろん大成功となりました。

ゴールから考える、というのは目標達成の方法としては広く知られています。でも、そういうことを家庭の中で丁寧に教えた（教えてもらった）経験のある人は少ないのではないでしょうか？　マインドマップのセントラルイメージは、その「ゴールから考える」思考を誰にでも理解させ、浸透させることができるツールです。

特にこの大掃除の事例で、それを実感していただけるのではないでしょうか？　その点、ソフトウェアで簡単に表現できるセントラルイメージというのは、手軽ですが「イメージ」というパワフルな力を発揮しにくい点があるのかもしれません。

大人でも論理思考を身につけて、誰にでもわかりやすい話ができる人は多くありません。子どもの場合は、なおさらです。話がわかりにくいだけでなく、ちゃんと話を聞いてもらえる経験が少ないと、話をすること自体が嫌いになってしまうこともあります。マインドマップの活用は、話をすることや文章にすることへの抵抗感を減らすことにもつながります。そして論理的に話をするベースをつくることにもなります。親子で描くという共有体験も楽しさにつながりますので、ぜひ体験していただきたいと思います。

習い事を充実させるために

田中尚樹さん

ＩＴ企業に勤めながらマインドマップの勉強会を主催したり、ずっと大好きだった歌を極めようと音楽スクールに通いはじめた田中さん。週末は家族との時間やお子さんの習い事の送り迎えなど多忙な中で、自分の時間をいかに充実させていくのかを、マインドマップを使って実践しています。

定期的に習い事（音楽スクール）に通っています。

毎回、学ぶことがとても多く、レッスン中にメモをとる時間がなかなかとれません。したがって、レッスン終了後に近くのカフェで、記憶の新しいうちに振り返りを行う習慣にしています。頭の中に粒つぶ状に浮かんでいる大小の「知識」「注意すべきこと」「気づきや感想」などの事柄を、思い出すままにマインドマップの関係するブランチへ描き加えていくと、1枚のマインドマップへ事柄がアウトプットされて、頭がスッキリします。

使っているノートは、ポケットサイズのメモ帳です。レッスンの前、単語カードのように手軽にパラパラッとこれまでの思い出しができるので便利です。

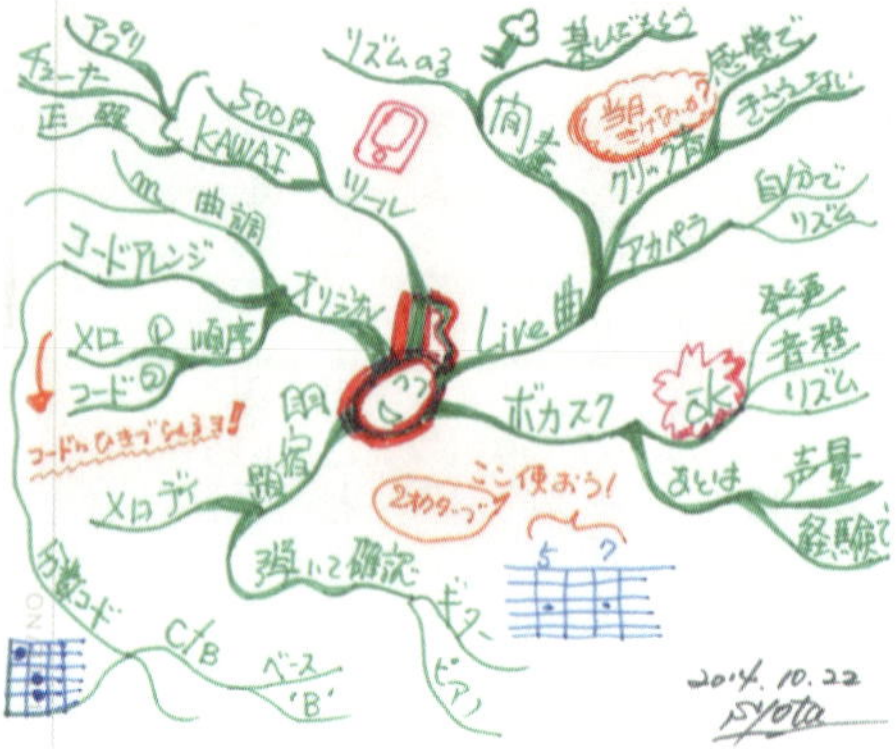
アプリ
チューナー
KAWAI
500円
ツール
曲調
コードアレンジ
オリジナル
Live曲
メロ
コード
ボカスク
リズム
音程
声量
メロディ
ベース
ピアノ
C/B
2014.10.22
syota

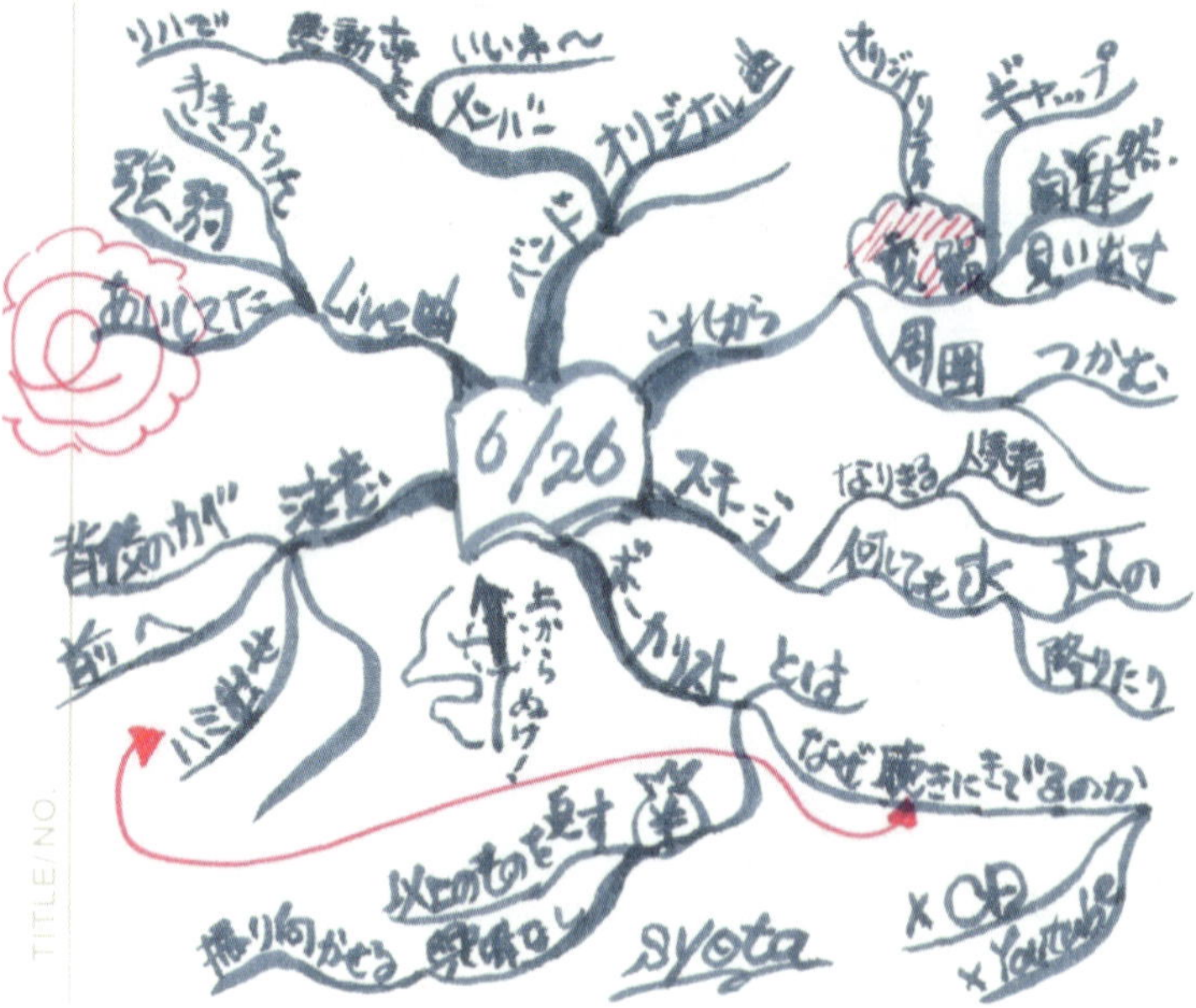
メンバー
オリジナル曲
バンド
Live曲
これから
6/26
ステージ
ボーカリストとは
なぜ聴きにきてるのか
上からぬけ!
周囲
つかむ
ギャップ
見い出す
何しても
大人の
振り向かせる
syota

その際、以前のレッスンの様子が一瞬で思い出せるところが、マインドマップの不思議なところでもあると感じています。

習い事をマインドマップで描いていくと、自分だけでなく先生の暗黙知まで学ぶことができるようになり、上達が早くなります。特に、自分がなかなか習得できないところを教えてもらうときには効果があります。単純なスキルの伝達ではなく、そのときに意識していることや感じている感覚までを教わることで、先生の状態を「丸パクリ」できるからです。これはぜひ、やってみてもらいたい使い方です。

田中さんのマインドマップは、単色で描かれているものが多いですね。習ってきたことを記憶の新しいうちにマインドマップにしたい、という気持ちの高揚からでしょう。そして、田中さんのようなヘビーユーザーになってくると、色ではなく場所（紙の中に描いてある配置）によって思考するということも身についてくると考えられます。

こういう状態の場合は、パソコンをカバンから出して、立ち上げて……という時間自体が無駄に感じられて、手描きのほうが自分の思考や感覚を早く、適切にアウトプットできる状態になっていると思います。あとは、大事なノートやメモ用紙をなくさないように気をつけましょう。スマートフォンに撮っておくというのも、紛失したときの保険として便利かもしれません。

試験勉強に活用すれば時短に

星野浩一さん

お勧めをしている立場ながら、セミナーに資格試験の勉強にと非常に向上心の高い星野さん。2009年にわたしのマインドマップ講座を受講して以降、ずっと活用されています。マインドマップを使う目的が明確な方は、継続できるのだと再確認することができた例です。

私は、試験勉強をする時にマインドマップを使っています。

マインドマップを使うと、効率的に学習することができます。なぜなら、「頭の中が整理される」「勉強に取り掛かりやすい」「短い時間で学習ができる」という3つのことがあるからです。試験勉強には欠かせないツールになっています。

試験勉強の内容をマインドマップに描くには、結構時間がかかります。それでもマインドマップに描くのは、そうすることで頭の中が整理されるからです。1枚の紙に書ける枝は限られていますから、「これだけは覚えておきたい」と思う重要な事柄を探し出したり、「これとこれは関係している」というように関連づけて描いていきます。

マインドマップが完成するころには、頭の中はスッキリ整理されています。

私が資格試験の勉強をする中でいつも抱えていた悩みは、勉強に取りかかるまでの時間が長いということでした。「あと1曲聞いてから始めよう!!」と思っていたら、結局1時間ぐらい音楽を聴いている、なんてことがよくありました。

しかし、マインドマップを使うようになってからは、取りかかるまでの時間が短くなりました。それは、マインドマップを使うことで気負わず勉強を始められるからです。カラフルに描いているので、まるで漫画を読むように、気軽な気分で勉強を始めることができます。そのようなところが、私には合っていたのだと思います。

マインドマップが資格試験の勉強に効果があるのは、マインドマップに描かれた枝に乗った言葉を見ると、その言葉の背景や関連することが頭の中に浮かんでくるからです。1枚のマインドマップを見るだけで、参考書40～50ページ分の学習をする効果が得られます。そのため私は、一度マインドマップを描くと、参考書をほとんど開かなくなりました。

マインドマップに出合ったことで、効果的に資格試験の勉強ができるようになり、何よりも合格率が上がりました。今後も活用していきたいと思っています。

マインドマップで資格試験の勉強をするメリットは、「理解と記憶」の2点です。箇条書きと違って、「どの枝に描けば良いのか?」など理解していないとマインドマップにすることが難しいからです。マインドマップに適度に収まりよく描くには、丸写しではなく意味を理解し

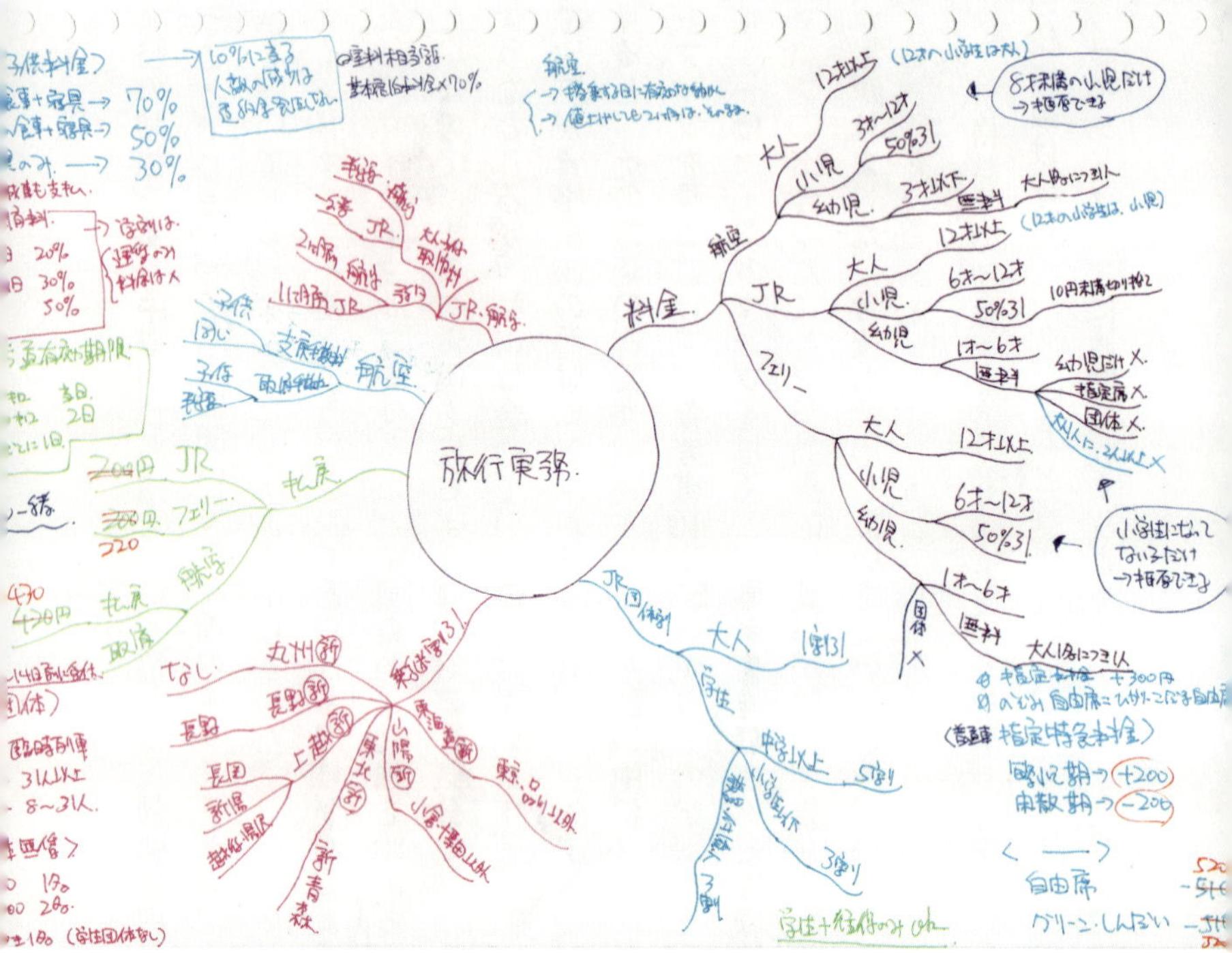
旅行実務
料金
航空
JR
フェリー
大人
小児
幼児
12才以上
3才~12才
50%引
3才以下
無料
6才~12才
1才~6才
10円未満切り捨て
幼児だけ×
指定席×
団体×
8才未満の小児だけ→拒否できる
小学生になってない子だけ→拒否できる
大人1名につき1人
JR団体割
学生
中学以上
5割
3割
払戻
発券
航空
JR
フェリー
自由席
グリーン・しんだい
70%
50%
30%
20%
30%
50%

ている必要があります。マインドマップにするという一手間が、理解度を深めてくれるのです。そして、まとまったマインドマップを見直すことで記憶につながっていきます。

資格試験の勉強というのは、簡単ではないからこそ、たいてい取りかかるのが億劫になったりするものです。ついつい理由をつけて勉強しないまま1日を終えてしまう、ということもあるでしょう。そんなときに、少しでも楽しくなる工夫ができると、勉強スタートのハードルが低くなります。

それが、イラストだったり、お気に入りのノートやペンだったりしたら、「とりあえず、ちょっとだけやってみるか?」という気分になるかもしれません。モチベーションを上げてから勉強をするというのは、実は難しく、「ちょっとだけ……」と思いながら、やっているうちに徐々にモチベーションが上がっていくのです。行動することで、やる気になるのですから、取りかかりのハードルが低くなるマインドマップは勉強に最適だと思います。

星野さんのマインドマップには、ご本人なりのカラーコードがあるようですね。それが理解や記憶のための意味なのか、無意識に感情が反映されているのかはわかりませんが、マインドマップを描くときに手に取りやすい色があったら、それを勉強開始のフックやトリガー(引き金)にしていくのも良いと思います。

旅行の計画や思い出も

砂川由利さん

ご夫婦そろってマインドマップのヘビーユーザーである砂川さんからは、旅行プランのためのマインドマップを見せていただきました。おふたりが仲睦まじく描いているご様子が伝わってきて、ほほえましいと同時に、ちょっとうらやましくもなる事例です。

結婚25年の銀婚式の記念に、夫と神戸へ旅行することになり、旅行の計画をマインドマップに描いてみました。

日程やホテルが決まると、行きたいところや食べたいものをマップに描いて、その日を楽しみにしていました。もちろん描いたマップも旅行に持っていき、新幹線の中で見ていました。旅行はマップに描いたとおりにすすみ、とても充実した旅行になりました。

帰ってきてから、その楽しかった気持ちをマインドマップにしてみました。マップは夫婦ふたりで描きました。ホテルの朝食をとっていたときに豪華客船「飛鳥」が近づいてきてホテルの近くに停まったことや、洋館めぐりをしたことなど、描きながら楽しかったことが次々と思い出されました。

Happy
Kobe
北野

Kobe
2009
11/14～15
これからも
グルメ
drink
メリケンパークオリエンタルホテル
バルコニー
ディナー
バー
ASUKA
北野
うろこ
ショッピング
Loft
スタバ
To Kobe
かぐやの里
Yuri and Shigeru

写真ももちろん楽しい思い出を残すことができますが、マインドマップを描くとよりよい思い出として心に残ります。マップを見返すと、そのときの楽しかった気持ちがよみがえってきます。

ふたりで一緒に、旅行の計画をマインドマップで立てるというのも楽しいですね。お互い主体的に話し合いをすることができるので、満足度も高くなります。「これを言ったのに」「そんなこと覚えてない」というミス・コミュニケーションも起こりにくく、効率的に行動することもできて、より楽しい旅行になっていくと思います。

また、砂川さんのマインドマップの色合いが全体的に淡い印象なのは、いかにも児童・生徒さんの気持ちに配慮する養護教諭らしいなあと思います。

文章を読んでまとめる

永江信彦さん

大手ＩＴ企業の人事部長を務められた永江さんは、独立起業されてコンサルタント業務をされています。その他にも私塾を開催するなど、精力的に活動されています。難しいものをわかりやすくするために、マインドマップを活用する事例を紹介してくださいました。

私は、障害者の方たちが就職に向けたトレーニングや研修を行うための就労移行支援事業所で、週に一度、講師をさせていただいています。

担当しているのはビジネス文書の書き方についてですが、障害の程度や利用者さんの体調などによって、その内容やレベルは臨機応変にさまざまな対応が求められます。基本的にはわかりやすい文章を書くことが講座の目的なのですが、頭のなかにある情報を整理したり、読んで理解したりすることもワークとして取り入れ、いろいろな工夫をしています。

そんな工夫のなかで試験的に導入してみたのがマインドマップです。文章を読んでマインドマップにまとめる作業をワークとして実施しました。マインドマップを使って多面的で階層的な理解ができるようになれば、書くことについても良い影響が得られるのでないかと考えました。

紹介するのは、いずれも四肢に障害のある方が描いたものです。知能や精神の障害ではないので思考能力には問題がないのですが、手を使って描くことにはやはり苦労がみられます。ペンを持ち替えたり、色を重ねたりという作業が負担になるといけないので、「描き方のルール」は省略したものにしています。とにかく中心から放射状に、ブランチをつなげるということだけを守って描いてもらいました。

手順としては、文章を読んでいきなり描くのではなく、いちど文章中の大事なポイントに傍線を引くなどしています。手数は増えるのですが、慣れるまでは自分の確認のためにこの手順があるほうが良いように思います。

1枚めは、ペリーによる黒船来航についての文章を読み、マインドマップにまとめてみたものです。実はこの方は、子供の頃には歴史の授業が苦手だったそうです。それで初めてのマインドマップ挑戦で論理的にも納得感のある分類や階層ができているのは、この描き方に普遍的な便利さがあるからだと思います。多少は歴史にも興味を持ってもらえたようです。

2枚めは、手指のコントロールが難しい方のものです。時間に制限があったこともあり、あまり多くのことを描き出すことができませんでした。それでも、題材として扱った刀狩りの説明について、大きなチャンク分けと重要ワードの抜き出しはできています。

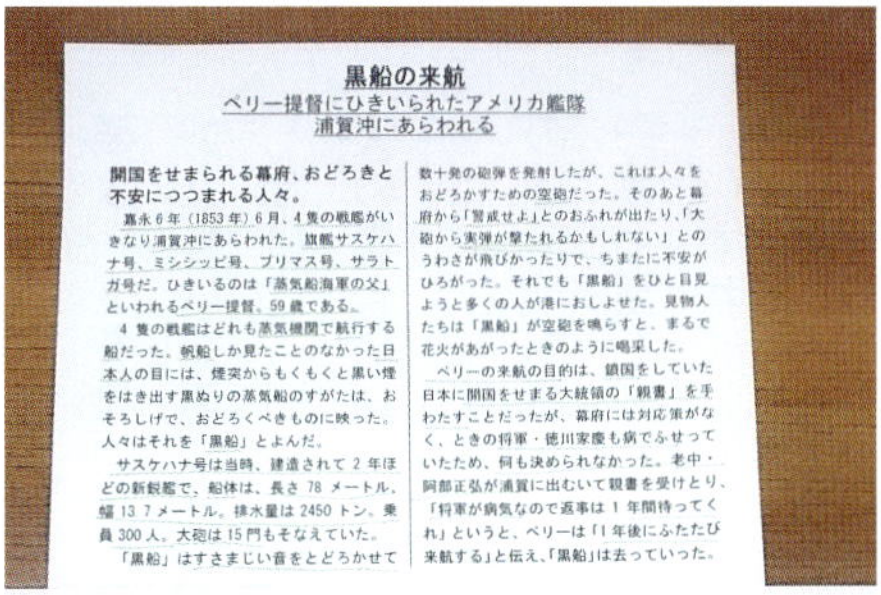

黒船の来航
ペリー提督にひきいられたアメリカ艦隊
浦賀沖にあらわれる

開国をせまられる幕府、おどろきと不安につつまれる人々。

嘉永6年（1853年）6月、4隻の戦艦がいきなり浦賀沖にあらわれた。旗艦サスケハナ号、ミシシッピ号、プリマス号、サラトガ号だ。ひきいるのは「蒸気船海軍の父」といわれるペリー提督。59歳である。

4隻の戦艦はどれも蒸気機関で航行する船だった。帆船しか見たことのなかった日本人の目には、煙突からもくもくと黒い煙をはき出す黒ぬりの蒸気船のすがたは、おそろしげで、おどろくべきものに映った。人々はそれを「黒船」とよんだ。

サスケハナ号は当時、建造されて2年ほどの新鋭艦で、船体は、長さ78メートル、幅13.7メートル。排水量は2450トン。乗員300人。大砲は15門もそなえていた。

「黒船」はすさまじい音をとどろかせて数十発の砲弾を発射したが、これは人々をおどろかすための空砲だった。そのあと幕府から「警戒せよ」とのおふれが出たり、「大砲から実弾が撃たれるかもしれない」とのうわさが飛びかったりで、ちまたに不安がひろがった。それでも「黒船」をひと目見ようと多くの人が港におしよせた。見物人たちは「黒船」が空砲を鳴らすと、まるで花火があがったときのように喝采した。

ペリーの来航の目的は、鎖国をしていた日本に開国をせまる大統領の「親書」を手わたすことだったが、幕府には対応策がなく、ときの将軍・徳川家慶も病でふせっていたため、何も決められなかった。老中・阿部正弘が浦賀に出むいて親書を受けとり、「将軍が病気なので返事は1年間待ってくれ」というと、ペリーは「1年後にふたたび来航する」と伝え、「黒船」は去っていった。

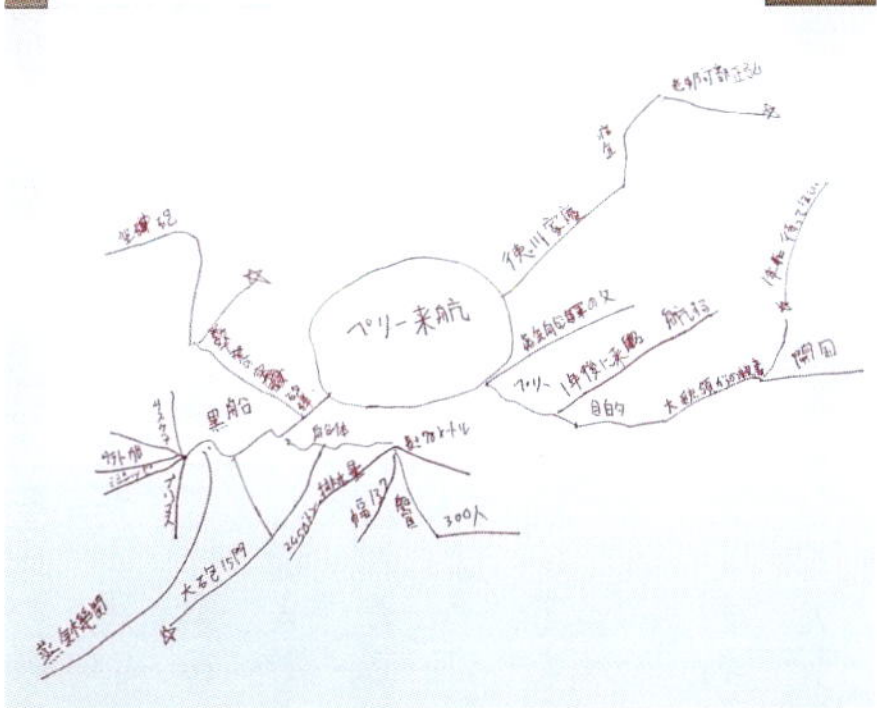

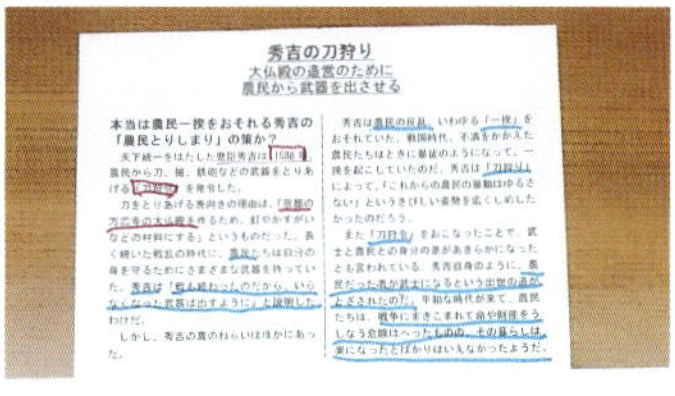

秀吉の刀狩り
大仏殿の造営のために
農民から武器を出させる

本当は農民一揆をおそれる秀吉の「農民とりしまり」の策か？

天下統一をはたした豊臣秀吉は1588年、農民から刀、槍、鉄砲などの武器をとりあげる「刀狩令」を発令した。

刀をとりあげる表向きの理由は、「京都の方広寺の大仏殿を作るため、釘やかすがいなどの材料にする」というものだった。長く続いた戦乱の時代に、農民たちは自分の身を守るためにさまざまな武器を持っていた。秀吉は「戦も終わったのだから、いらなくなった武器は出すように」と説明したわけだ。

しかし、秀吉の真のねらいはほかにあった。

秀吉は農民の反乱、いわゆる「一揆」をおそれていた。戦国時代、不満をかかえた農民たちはときに暴徒のようになって、一揆を起こしていたのだ。秀吉は「刀狩り」によって、「これからの農民の暴動はゆるさない」というきびしい姿勢を広くしめしたかったのだろう。

また「刀狩令」をおこなったことで、武士と農民との身分の差があきらかになったとも言われている。秀吉自身のように、農民だった者が武士になるという出世の道がとざされたのだ。平和な時代が来て、農民たちは、戦争にまきこまれて命や財産をうしなう危険はへったものの、その暮らしは楽になったとばかりはいえなかったようだ。

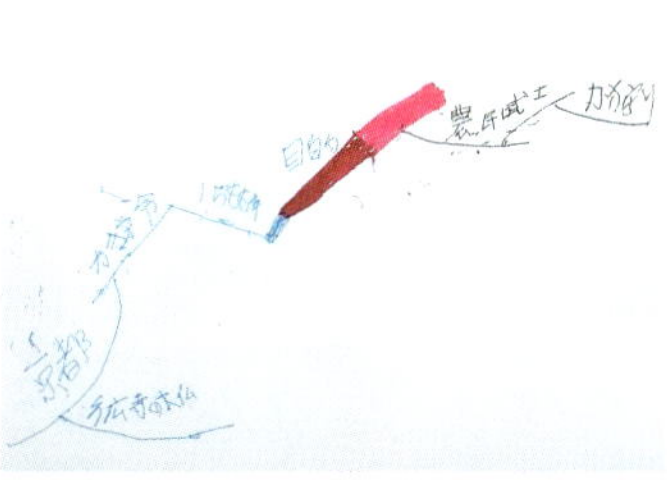

マインドマップを描くことは、情報の整理整頓をすることに他ならないので、自然と重要ワードを拾っていこうと思考が働くのだと思います。これらのマインドマップを描いた方たちは無事に就職が決まり、がんばって仕事をしているようです。

今後は、知的障害や精神障害を持つ方に導入できないかと検討しています。知的障害の人の場合には、程度によってはルールの理解が課題になることが想定されるので、ゆるやかな進行でおおらかに導入したほうがいいように思われます。精神障害の場合にはルールの理解は問題ないと思われるのですが、描いてもらうテーマによっては身体的な症状への影響も気をつけたほうがいいかもしれません。

いずれにしても、ルールの柔軟性も含めておおらかに考えられるのもマインドマップの良いところだと思います。この取り組みはまだ発展途上です。いろいろと試行錯誤しながら進めていきたいと思います。

永江さんは、前作で買い物マップなど日常使いのマインドマップを提供してくださった方ですが、継続的にマインドマップを活用されています。ご自身も学ぶことが大好きな方で、中学生から大人まで幅広い年齢の方に学ぶ楽しさを、マインドマップを通じて伝えていらっしゃいます。

お風呂でマインドマップ

城内友美さん

1歳と6歳の娘の母親をしつつ、ライター、カメラマン、マインドマップ・インストラクターとしても活躍している城内さん。ワーキングマザーの忙しさは、並大抵ではない！　その忙しさの中でも、お子さんとのコミュニケーションを大切にされている城内さんの活用例です。

普段親子でマインドマップを描かれている方や、マインドマップを親子コミュニケーションに使いたい方におすすめの方法です。それは、お風呂でマインドマップを描くこと。

わが家では、お風呂用のクレヨンを使って、お風呂の壁にマインドマップを描いたり、文字を書いたり、お絵かきをしたりして楽しんでいます。

ひょっとしたら皆さまのご家庭でも、子供の話をゆっくり聞いてあげたいと思いつつも、家事や仕事でバタバタして「ちょっと待って！」「後でね」がついついそのままになってしまった……という経験があるのではないでしょうか？

その点、お風呂ならどんなに忙しくても習慣的に入りますし、親子ともどもゆったりとリラックスしている場合が多いものです。

お風呂の中でじっくりと話を聞いて、描いて、見える化することで、子どもの気持ちや言いたいことを引き出したり、しっかりと受け止めたりすることができますし、子どもと一緒に毎日の振り返りを習慣化しやすいというメリットがあります。

わが家の子どもたちはまだ入学前なので、定番の質問は「今日はどんなことをして遊んだの？」ですが、小学校に上がれば「今日はどんなことを習ったの？」と聞いて、その日の授業の復習をするのも良いかなと思っています（お遊びの延長として嫌にならない程度に！）。

お風呂で描くことのメリットは、描いたものが消えやすいこと。一見デメリットに思えますが、「間違いたくない！」という子どもの気持ちを軽減してあげることができます。

長女は2歳の頃、絵を描くことが嫌いでした。まだ手の力が弱くて、ペンやクレヨンなどをしっかりと握ることができず、頭の中で思っている像とまったく違う線しか描けないことが嫌だったようです。

そのため紙にはなかなか描かなかったのですが、すぐに消える安心感からか、お風呂でリラックスしていたからか（はたまた、ようやく時期がきたからか）は分かりませんが、マインドマップを通じて絵も文字も書くようになったのです。

私が楽しそうに描いていると「Mもかきたい〜！」と続きの枝から描きだし、「○（カタカナ）ってどう書くんだっけ？　こう？」と自分で書いてみたり、私に見本を書かせて、

アイス

マルモリ

それを見ながら文字を書いたり。実際に描いたことと、描き方を知ったことで、その後、紙にマインドマップを描くことにも抵抗がなくなったのがよかったです。

お風呂の壁に描かれたマインドマップは大きいため、俯瞰しやすく、いろいろなことに気づける点もいいと思います。

マインドマップの親子講座を開催していると、時折見られることなのですが、「最初からルールに則ったマインドマップを描かせたほうが良いのでは？」と力が入ってしまう親御さんがいます。

子どもだけではありませんが、新しく何かをはじめる時に大切なのは「楽しい」という実感です。楽しければ続けるし、そのうちに上達していくからです。それまでの環境や、性格によって、失敗してもどんどん描ける子もいますが、失敗したくないという子もいます。

身近にいる大人であるお父さんやお母さんが、無理なく取り組めるように子どもの様子を観察して、どんな所でどんなふうに描くかを提案してあげられるといいですね。

最初はとにかく楽しく取り組めることを優先してあげてください。慣れてきたら、数回に一度「枝の上に文字を描くんだって」などとアドバイスをしてあげると良いでしょう。この時に、効果があるのは「～だって」という伝え聞きのような言い回しです。今までの描き方とは違うものを一緒に習っているという感覚になって、子どもも安心するようです。

子どもの絵は、子どもの心理状態を示すといわれています。保育士として働いていた経験からも、それはわかります。そういった観点から、お子さんが描くマインドマップが「楽しそうか、そうでないか」を見ることで、子どもの様子を観察したり、会話のきっかけにしたりすることもできます。

親子のコミュニケーションを深めるために、ぜひ試してみてください。

保健室で子どもたちと

砂川由利さん

群馬県で養護教諭をされている砂川さんは、子どもたちとのふれあいから生まれたマインドマップを紹介してくださいました。

①コミュニケーションツールとして

３年生のＭちゃんは心臓病があり、体育の時間は保健室で過ごしていました。漢字ドリルとノートを持ってくるのですが、いつも飽きてしまいます。そうなるとおしゃべりタイム。マインドマップを描きながら話すこともありました。マインドマップを描くのは楽しかったようで、自分が好きなものなどをたくさん教えてくれました。

そんなＭちゃんの体調が悪く、入院したときのこと。担任の先生が「クラスの子どもたちが書いた手紙をお見舞いに持っていくので、よかったら砂川先生も書いていただけませんか？　Ｍちゃんも喜ぶと思います」と言われました。Ｍちゃんのことを心配していた私はさっそくお手紙を書くことに。その時に、Ｍちゃんと描いたマインドマップが頭に浮かび、犬と猫が好きということを思い出しました。そこで猫のかわいい便箋と封筒を買って

Mirei
元気
えがお
社会
なりたいもの。職業
2014
なわとび
ぬいぐるみ
ねこ
世界
日本

保健集会のテーマを決めよう
アレルギー
インフルエンザ
はみがき
むし歯
ばいきん
びょう気
ハウスダスト
けが

きてお手紙を書きました。元気になって退院したMちゃんはお返事を保健室に持ってきてくれました。

②子どもの考えをひきだす

保健委員会で集会を開くにあたり、テーマを話し合うことになりました。話し合いだとなかなか意見やアイデアが出てこないので、マインドマップを使いました。関係があるものは同じ色でブランチを伸ばして言葉を書くというルールからはじめました。10人ほどのメンバーでひとつのマインドマップを描いていきました。最初はなかなか描けませんでしたが、描き出すとどんどんアイデアが出てきました。

子どもたちのアイデアをまとめて、集会のテーマは「食べたものはどうなるの？」に決まりました。子どものアイデアを出すのに、マインドマップは役に立つと思います。

子どもというのは自由な発想を持っているように思われますが、特に学校では、ちゃんと大人の様子を見ていて、「正しい答え」を言い、「間違ったことをしない」ようにと考えています（もちろん、ハメを外しちゃうこともありますが）。マインドマップなら、「こんなことも描いてみようかなぁ」という思いつきが出やすいので、日頃あまり発言しない子からも「心の声」を拾いやすくなります。

小学2年生の1分間スピーチ

こうじさん

製造業のお仕事をされているこうじさんは、お子さんの1分間スピーチをマインドマップを使って一緒に考えました。こうじさんは、社内でマインドマップの勉強会を定期的に開催したり、仕事の効率化や社内コミュニケーションアップのために、マインドマップを活用されています。システム手帳の中身もマインドマップで描かれている、マインドマップ上級者です。

これは、長男が小学校2年生の春に描いたマインドマップです。

学校で1分間スピーチの当番になったとき、息子は何を話してよいのかとても困っていました。そこで、「クラスのみんなにお話ししたいことは何かなあ?」と質問すると、「ゴールデンウィークに長瀞《ながとろ》町に行ったとき、カメとおにごっこをしたのが楽しかったから、その話をしたい」というので、「それじゃあ一緒にマインドマップを描きながら考えてみよう」ということになりました。

「じゃあまずは紙（A4）の真ん中にカメさんの絵を描いて」

息子がカメの絵を描くと、私がカメからブランチを伸ばして、質問をします。

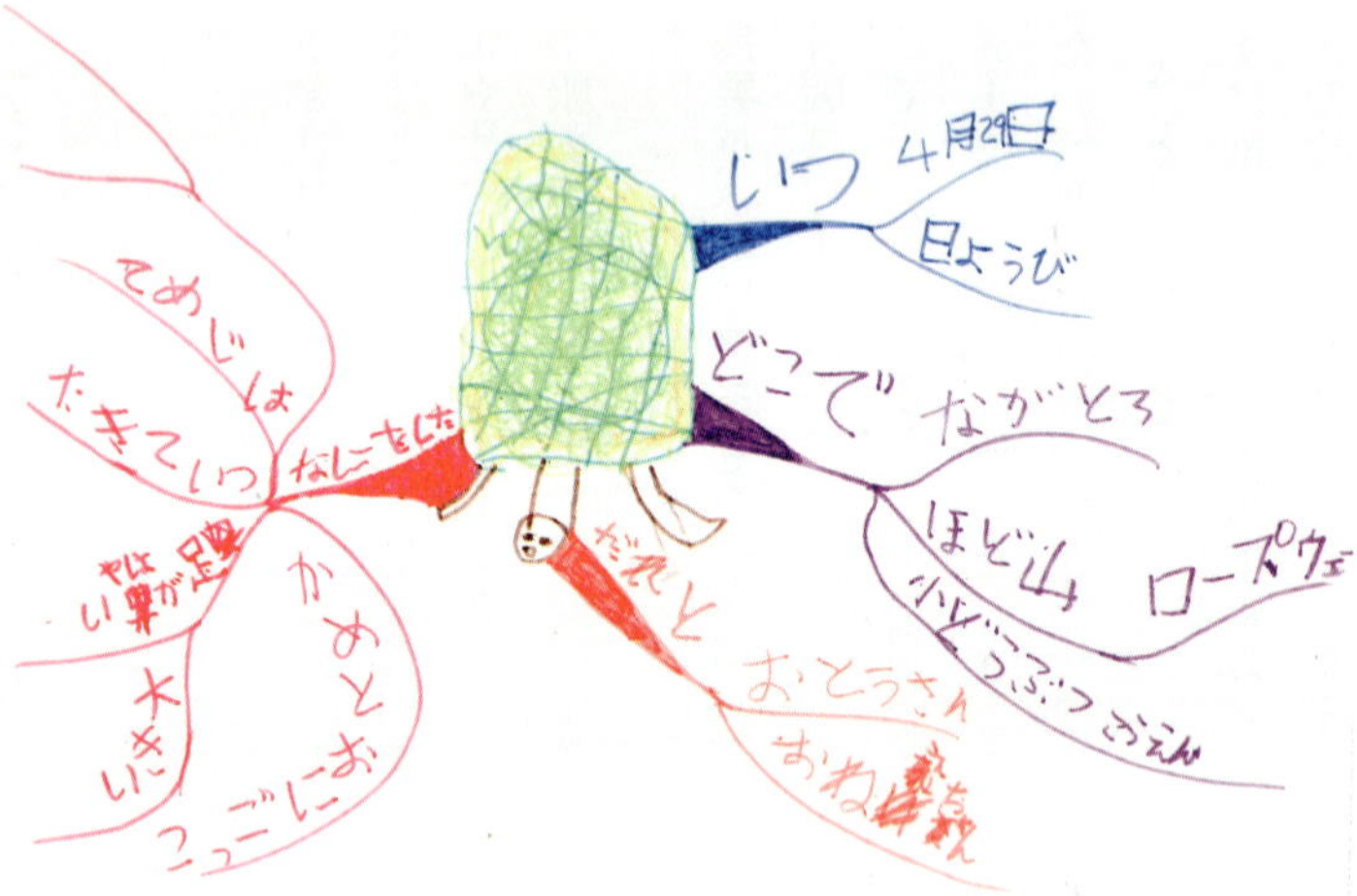
いつ
4月29日
日ようび
どこで
ながとろ
ほど山
ロープウェ
だれと
おとうさん
なにをした
大きい

「誰と行ったんだっけ？」
「おとうさんとおねえちゃん」
「じゃあ、それをお父さんが描いた線の上に描いて」
また私がブランチを描き、「行ったのはいつ？」「ゴールデンウィーク」「じゃあ、それも描こう」。

こんな感じでマインドマップとスピーチ原稿の下書きができました。人生初の人前でのスピーチは、マインドマップのおかげでうまくいったようです。

子どもだけでなく大人もそうかもしれませんが、自分の経験したことをマインドマップにするというのは、取り組みやすいテーマだと思います。この事例のように「5W1H」のフレームワークを利用して描いていくと、何を描いたら良いのかわからないという悩みも解消されやすくなります。

マインドマップがなかなか「深まらない」という人に共通している点は、無駄なことを描いても仕方がないとばかりに、何かひとつを描いたらそこで終わらせてしまうパターンに陥っていることです。

たとえば、このマインドマップで説明すると「ながとろ（長瀞）」と書いてありますが、自宅から長瀞までの間に通った地名を書くだけでも思い出せる事柄が増えます。トイレ休憩をしたとか、乗り換えをしたという行動を描くと、その時に感じた感情も一緒に思い出します。そして、行動も感情も一緒になってしまっても気にせず、描き続けていくのです。最初から整ったマインドマップを描こうとするよりも、散らかったマインドマップを描いてから整理するつもりでいると、思っている以上にペンが進む、という感想をよく聞きます。

このマインドマップは子どもらしいマインドマップだと思います。亀の甲羅が一色でないところは、マップには描いてありませんが、実体験からの気づきなのでしょうね。

英語の勉強に、作文の下書きに

岡田真由美さん

ワークショップを開催しながら子育てもしている岡田さん。とても朗らかでパワフル、愛情豊かな肝っ玉母さんという雰囲気です。思春期のお子さんとのマインドマップでの交流を教えていただきました。

今回お見せするのは、当時中1の息子と英語の勉強の為に、英単語の語源について共同で描いたマインドマップです。

私がマインドマップを描くようになったのは息子が小学校高学年の頃でした。子供の頃からマインドマップを使えたらどんなに良いだろうと思っていましたが、既に思春期に突入した息子に無理強いしても無駄なので、どんなものか説明した後は本人が興味を示すまで放っておきました。

最初に使う機会が巡ってきたのは6年生の時。校外学習の感想文の宿題でした。作文が苦手な息子は何を書いて良いかわからない、と半ば宿題を投げていたので、とりあえずどんなことがあったかを聞き出しながら、全部マインドマップに描き表したところ、あれも

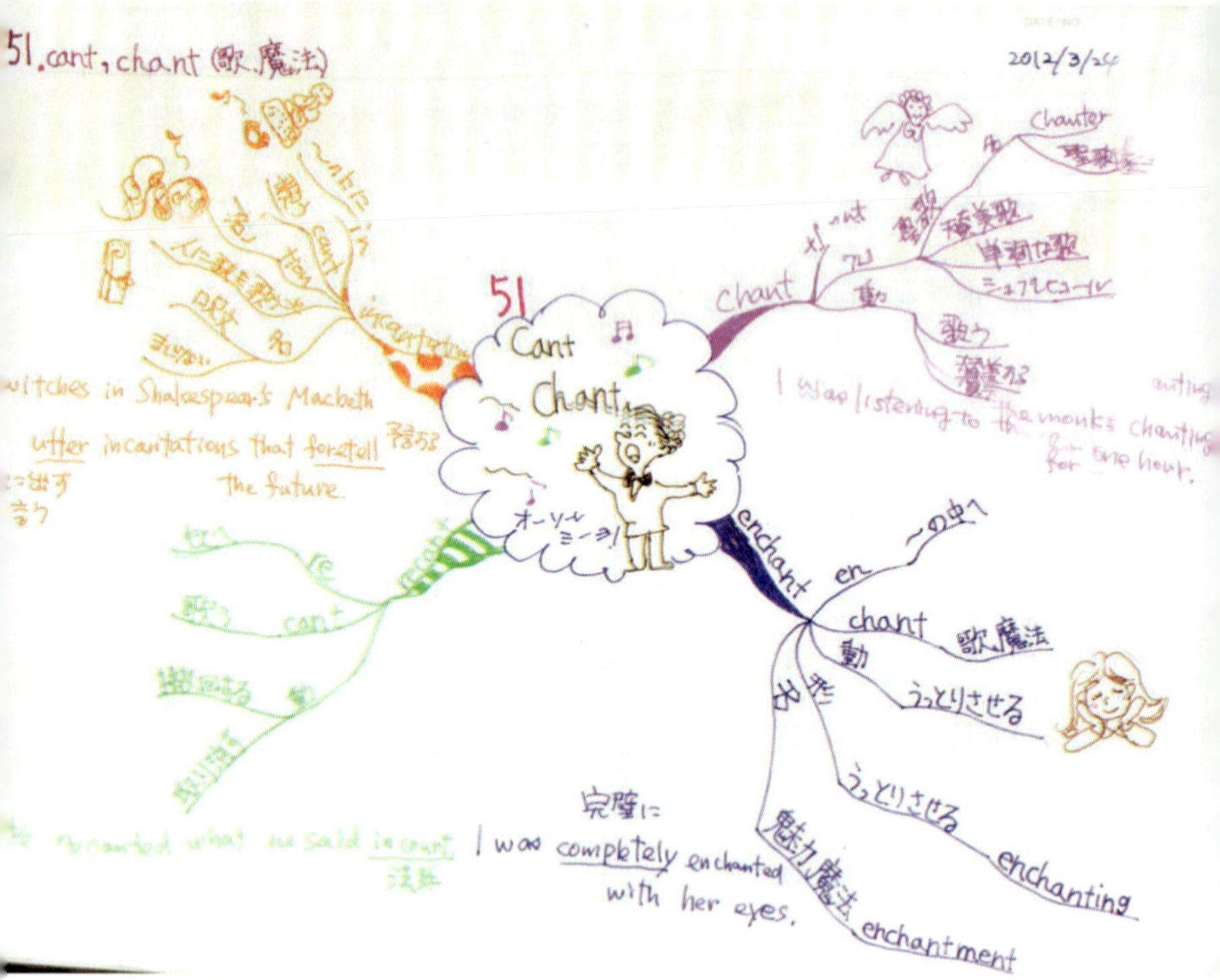
51.cant, chant (歌,魔法)
2012/3/24
51
Cant
Chant
オーソーレミーヨ!
chant
chanter
聖歌隊
名
聖歌
賛美歌
単調な歌
シュプレヒコール
動
歌う
I was listening to the monks chanting for one hour.
enchant
en
~の中へ
chant
歌,魔法
動
うっとりさせる
形
うっとりさせる
enchanting
名
魅力,魔法
enchantment
完璧に
I was completely enchanted with her eyes.
incantation
名
呪文
まじない
witches in Shakespeare's Macbeth utter incantations that foretell the future.
予言する
口に出す
言う
recant
cant
歌う
撤回する
取り消す
He recanted what he said in court
法廷

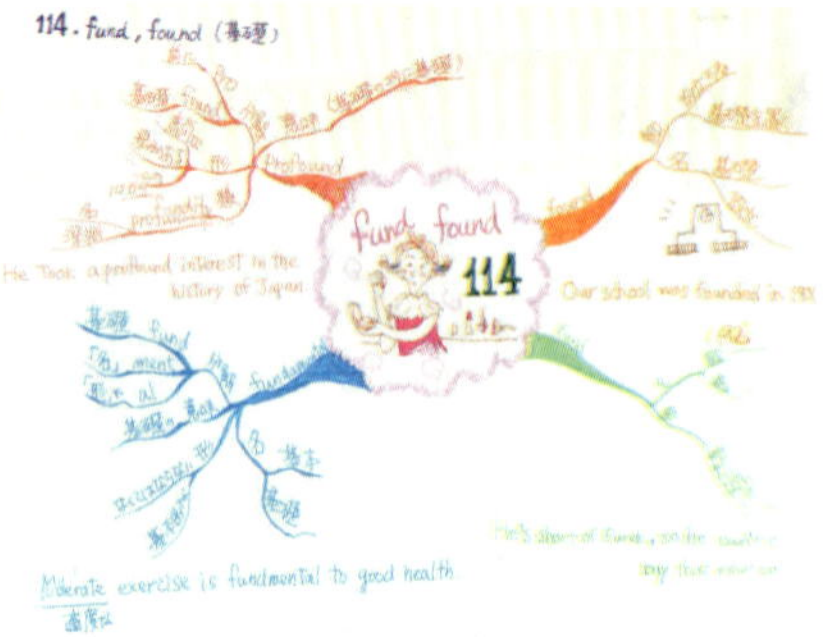
114. fund, found (基礎)
fund, found
114
profound
He took a profound interest in the history of Japan.
found
Our school was founded in 19…
fundamental
Moderate exercise is fundamental to good health.
適度な

これも面白い話が出てきて、それを見ながらスルスルスルと規定の枚数を書くことができました。

次の機会は中学生の時、複雑なテーマで作文の宿題が出て、同じく途方にくれていたので、まず整理の為にマインドマップを描かせました。最初に自分にとってテーマに関連した言葉を全部書き出して広げて、その中からより条件にマッチしたものに印をつけ、印をつけた中で語りやすいものを見つけて文章にしました。

その後も中学の間は、私に言われてマップを描くことは何度かありましたが、自分から描くことはありませんでした。しかし、高校生になって宿題が難しくなってくると、困った時には自分でプリントの裏にマインドマップを描いているようです。

インストラクターをしていると、「矢嶋先生のお子さんは、マインドマップで勉強しているのですか？」という質問を受けることも多いです。残念ながら、わが子は二人ともマインドマップに興味を示すことなく（そしてもっと残念なことに勉強自体をすることもなく）成長していきました。

わたしの場合は、子どもの目の前でマインドマップを描いたことがほとんどなかったのが理由かな、と感じています。「仕事を家に持ち込まない」とばかりに、外では一生懸命働いているのに、家ではゴロゴロしてばかりの昭和のお父さんのようで、ちょっと反省しています……。

勉強にマインドマップを取り入れる場合は、自分が子どもに教えやすい科目から取り組んでいくと良いかもしれませんね。一般的には、社会や国語などの文系科目は勉強が苦手な子でもマインドマップにしやすい部分を見つけられるようです。

岡田さんの事例にあるように、いつもマインドマップで勉強していなくても、一度経験していると、いざという時に「使ってみようかな？」と思い出してもらいやすいのは、マインドマップの魅力のひとつだと思います。反抗期になってしまうと、何を言っても反発されてしまうことが多いので、反抗期前にマインドマップで勉強するという経験をさせておいてあげられると、親としては安心かもしれません。

岡田さんのように親子で一緒に描くというのは、コミュニケーションも図れて一石二鳥ですよね。

子どもの成長を共有する

沼倉幸子さん

園舎を持たないというユニークな幼稚園を運営されている沼倉さんは、指導計画だけでなく、保護者との面談にマインドマップを活用されています。言葉だけのやりとりでは共有しきれないところも、マインドマップを仲立ちにすることでより深い理解につながっている事例です。

私が運営している「森のようちえん　はっぴー」は、親御さんとの面談にマインドマップを利用しています。一方的に子どもの様子を伝えるのではなく、親御さんの頭の中にある子どもの姿を整理し、子育てを前向きに楽しく感じてもらうのがねらいです。

紙（B４）の中心に、好きな色を使って子どもの顔を描いてもらうことから始めます。はじめは「子どもの好きなところ」。子どもの好きなところを話してもらい、どういう時にそう思うのかなどを聞き取りながら、私がブランチを伸ばしていきます。

次に「『森のようちえん　はっぴー』に入って成長したと思うところ」。年齢的な成長もあるけれど、毎日自然の中を歩いたり遊んだりすることで成長したと感じるところを話してもらいます。個人面談は11月に行いますので、４月以前の子どもの姿を思い起こしてもらい、成長したと感じるところを聞き取ります。過去を振り返り現在と比較することで、親御さん自身がわが子の成長を確認できるブランチです。

最後は「どんな人になってほしいか」。この問いに対しては、今まで考えたことがないという方もたくさんいます。将来我が子にどういう生き方をしていてほしいかを考えることで、今子どもに何を伝えていくのかが見えてきます。未来像から現在の子育てを考えるためのブランチです。

保育者が日々の保育から見える子どもの様子や姿も織りこんで伝えていますので、森のようちえん　はっぴーでの様子が重なったマインドマップが出来上がります。

マインドマップ個人面談を受けた親御さんからは、次のような感想をいただいています。

・マインドマップを描いてみることで、「こんな風に子どものことを考えていたんだ」「こんな風になってほしいという願望があったんだ」と自分で発見できたのが良かったです。
・自分で話したことを視覚的に見られたので、面談後は頭の中を整理整頓してもらえたようでスッキリしました。
・一方的に先生からの様子を聞くだけのものとは違い、母親の意識の再認識を手助けしていただいたという印象。
・あれだけ話が弾み、いろんな角度から考えることができたのは、マインドマップがあっ

森のようちえんはっぴーで成長
体力
ついた
しっかり
恐がらず
遊べる
自分の体
自由
動かせる
感受性
豊か
感じる力
運動
木のぼり
全身
折り紙
上手
周囲の目
気にしない
自信ある
のびのび
おいしく
食べる。
好きなところ
子どもらしい
素直
感情出せる
毎日楽しそう
甘え上手
しかられる
目が合う
かわいい
見ため
表情
良い
あきない
頭が良い
いろいろな事
理解
説明
韓ドラ
走り方
ピョン
スイッチ
感受性
良い
物の見方
感じ方
視野
広い
知りたい
シイの実
どんな人になってほしいか
愛のある大人に！
自分で選択
責任持つ
長いものに巻かれない
長生き
結婚
早く
子ども
新しい世界
仕事もして
今のまま
5才の感覚
忘れない
人を傷つけない

たからだと思います。

・「好きなところは？」という簡単な投げかけに答え、つながりでお話をしているうちに、わが子のイメージではなく、わが子自身を捉えられたように思います。「成長したところ」では、場面場面をあげていく中で、はっぴーでの様子もわかり、とにかくなんだかわが子と向き合うことができました。

・昨年のマインドマップと比較しやすく、子どもに対しての思いが一目瞭然だなと思いました。

・過去・現在・未来と思いを巡らせることができ、点が線で結ばれました。

・個人面談中に、わが子のこれまでの生い立ちから将来まで見通すことができ、これから親としてどこにどう手を添えていけばよいのかがわかりました。

・上の子が通った幼稚園では、他の子と比べてどうか、問題行動があるかどうかという評価を先生から聞く個人面談だったのが、マインドマップ個人面談は、話す中心が母親というのが新鮮で、子ども自身を見つめる作業を手伝ってもらっているという印象を受けました。子どもとのよりよい関わりを生み出すための共同作業という感じで、終わった後も自分の意識していなかったことに気付いたり、新しい発見を与えてくれたことに感謝しています。

マインドマップは描いてある単語以上に、思考を促進する面があります。保育園・幼稚園だけでなく学校での面談というのは、なぜかそつなく答えることに意識が向いて、後から振り返るとどんなことを話したのかあまり覚えていない……なんていうこともあります。その点、マインドマップになっていると、後から見返しても気づくことが多いのです。

面談だけではありませんが、会話というのは空中戦です。意図したメッセージが伝わらなかったり、ちょっと気を抜いていたら聞き逃してしまったり、ということもあるでしょう。答えているうちに質問を忘れてしまったなんてことも。話しながらマインドマップを活用することで、そうした問題が解消されるだけでなく、話の内容の再確認もしやすいという利点があります。

セントラルイメージにお子さんの顔というのは、良いアイデアですね。面談の場が、緊張から暖かさに包まれる場に変化すると思います。紙一枚というのも、面談時間という制限がある中ではやりとりの目安になります。わたしの保育士時代には、面談で質問をすると際限なく自分のことを話し始めて収拾がつかなくなる保護者の方もいたので、あらかじめ質問したい項目を枝にしておくことでブレーキにもなるのかもしれないな、と懐かしく思い出しました。

スピーチあんちょこマップ

伊藤圭さん

文章で表現するよりも多くのメッセージを込めることができるマインドマップ。スピーチのの「あんちょこ」としてもよく使われます。伊藤さんからいただいた例も、そのひとつ。

これは、小学校のPTA会長をやっていた時に描いたもので、学芸会における会長挨拶のためのあんちょこです。うちの学校では、学芸会におけるPTA会長挨拶は、幕の間の時間調整の場でもあります。そのため挨拶の直前に「今回は○分間、話をしてください」と指示されることになります。普段は、あんちょこは使わないのですが、この時だけは、場合によっては長く話せるように……と、ネタ帳的なあんちょこを用意しました。

サイズはA5判、チラ見対応のため中身もシンプルにしました。それを、折りたたんでポケットに忍ばせて会長挨拶にのぞんだわけですが、結果的に「10分話してください」と言われ、用意したネタは大活躍。あんちょこを描いた時点で、ネタはしっかり頭に入っており、結局途中でチラ見することもなく、きっちり10分で話をまとめることができました。

平成23年度
学芸会
スゴイ!
子ども
OK!
保護者
アリガトー!
先生
かんしゃ!
地域の人
サンクス
シアトル
楽しむ Play
楽しませる Make their day
向き合う Be there
選ぶ Choose your attitude
共通
とにかく
楽
家庭
学級運営
721
19
①
②
③
④
⑤
⑥

固体
液体
気体
物の状態
物質
分子
元素
物質TV
キッツ
変わる形
変わる体積
水
水蒸気
0°C
100°C
H2O
酸素
CO_2
アルコール
①気体
②固体
水蒸気
氷
変わる 形
変わらない体積
温
冷
にくい
地球
Earse
雲→ホコリの集団
雨→汚ない

あんちょこマップは、ミニサイズだから最低限のものだけを描くことになります。伊藤さんは、イラストなどでイメージを表現しようと工夫されていますが、単語だけで描いても問題ありません。単語だけでは忘れてしまうのではないか、思い出せないのではないか、と心配する方もいますが、マインドマップに描かれた単語には、その中にいくつものイメージが含まれているので、安心してお使いいただけます。

マインドマップを取り入れた学習塾も開講している伊藤さん。勉強がちょっとだけ好きになった女の子の話も教えてくれました。それが下のマップです。

うちの塾に通っていた、6年生の女の子。クールな彼女は「勉強きらい、やりたくない」と公言してはばからないのですが、そんな彼女も、マインドマップを描くときは、とても楽しそう。いろいろと工夫をしています。

卒業が近くなったある日、その子がお母さんに小さな手紙を渡したそうです。その内容は、「内緒なんだけど、ここの塾のおかげで、ちょっとだけ勉強が好きになった」というもの。「内緒なんだけど」の前置き付きで、こっそりお母さんが教えてくれました。

もちろん、お母さんもとってもうれしそう。マインドマップには、子供たちはもちろんのこと、お父さんやお母さん、周りの大人たちまで笑顔にする力があります。このマインドマップは、そんな彼女の自他ともに認める「最高傑作」です。

4

みんなの「ふだん使いのマインドマップ」

【仕事編】

成功の秘訣はマインドマップにあり!

マインドマップで人脈をつくる

浪間亮さん

マインドマップで人生を変えた人はたくさんいます。浪間さんもそのおひとり。仕事やビジネスでの活用例のトップバッターとして、浪間さんのお話を紹介しましょう。

人生を変えるマインドマップ。マインドマップにはいくつかありますが、自分の学んできたことや持っているスキルのマインドマップ。そして将来設計のマインドマップが代表ともいえます。そして、この人脈マップも効果が高そうですね。

このマインドマップは、私がTLI（ThinkBuzan ライセンスインストラクター）になる前に描いたものです。

この頃、人との繋がりを自分の成長に生かすにはどうしていったらいいのかと悩んでいました。その時に中島孝志さんの『実践！人脈頭脳の鍛え方』という書籍を読んで、その内容をマインドマップでまとめ、このマップを私の「人脈マニュアル」としました。マインドマップにしたことで、方向性や考え方が明確になり行動に移すのがとても楽になりました。

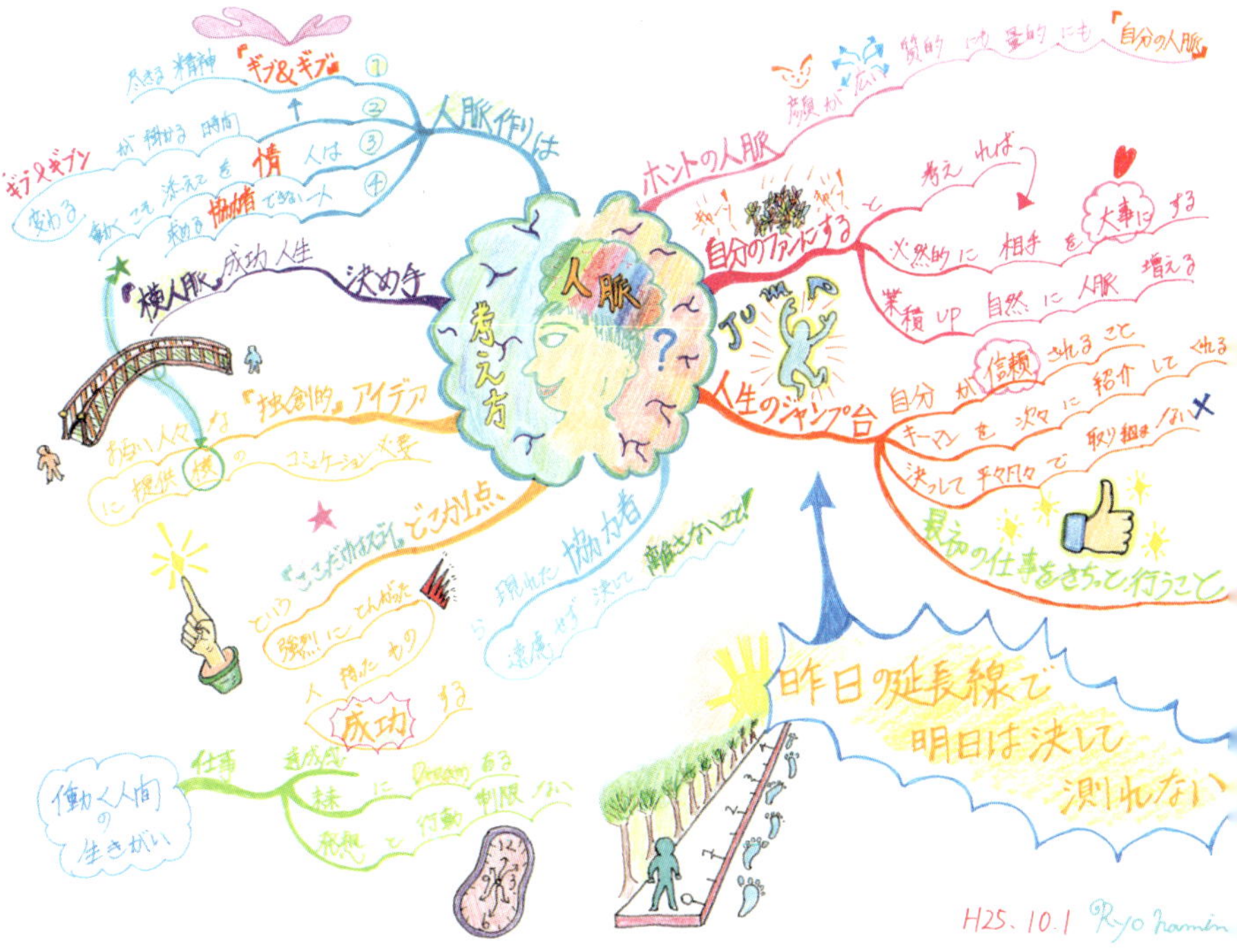
人脈
考え方
人脈作りは
『ギブ&ギブ』
『横人脈』成功人生
決め手
『独創的』アイデア
協力者
成功する
ホントの人脈
顔が広い
質的にも量的にも『自分の人脈』
自分のファンにする
考えれば
必然的に相手を大事にする
業績UP 自然に人脈増える
JUMP
人生のジャンプ台
自分が信頼されること
キーマンを次々に紹介してくれる
決して平々凡々で取り組まない
最初の仕事をきちっと行うこと
昨日の延長線で明日は決して測れない
働く人間の生きがい
H25.10.1

その結果、色々な方々から声をかけていただけるようになり、すごい勢いで素晴らしい人脈が放射状に広がり始めました。と同時に、色々なチャンスを与えていただけるようになりました。マインドマップで「見える化」することで、自分の立ち位置がいつも確認できるのは本当にすごいと実感しています。

このマインドマップは、描くことよりも活用することをメインにしたものだといえます。せっかく良い本を読んでも、その場で終わってしまう人と成果につなげる人がいます。おそらく本に書いてある内容をすべてマインドマップにしたというよりも、自分が強く心動かされてやってみようと思ったところだけをマインドマップにしたのでしょう。そのことによって行動も変化し、行動したことによる変化にも気づきやすくなったのではないでしょうか。

行動指針としてマインドマップを描いて、それをスマートフォンや手帳など、いつでも目にするところに保管するという活用方法もおすすめです。

仕事の事前準備として活用

前多昌顕さん

青森県で小学校教諭をされている前多さん。前作でも複数の事例を提供してくださいました。最近は（残念ながら？）昇格されてしまい、授業での活用が減ってしまったとのことですが、その分、後進の指導にマインドマップを活用されているそうです。

今回は、他の先生の授業の指導案（書類）を、参観の前にマインドマップにまとめておくという、事前準備としての活用方法をおしえていただきました。

数年前までは珍しかった学校でのマインドマップ活用も、今ではかなり実践例が見られるようになりました。

それでも全国的に見ると、まだまだ認知度は高くありません。子どもたちにマインドマップを使わせると、さまざまな良い点があるのは疑いようのない事実なのですが、エビデンスが足りないために、導入が難しい場合もあると聞いています。私は、子どもたちにマインドマップを直接使わせるのが困難な場合は無理を通そうとせず、まずは自分自身の業務改善のために使うことをお勧めしています。

学校関係者以外にはあまり知られていないのですが、教員は授業を行う際に「指導案」という書類を作ります。これは、言わば授業の企画書です。少ないものではＡ４用紙１枚程度、多いものではＡ４用紙で数十枚にもおよぶものもあります。

他の教員が公開する授業を参観するときには、まずこの指導案に目を通します。他校の授業を参観するときは当日まで指導案を入手できないことが多いのですが、自校での授業の場合は、たいてい数日前には手元に指導案が届きます。

これをマインドマップにまとめるのです。

描き方は通常のマインドマップと同じです。まずはセントラルイメージを描きます。この時、指導案を一読してイメージしたものを描くと、より授業が見えてきます。あとは指導案を見ながらブランチを伸ばし、言葉やイメージを乗せていきます。この時に気をつけることは、すべてを描こうとしないことです。描かない勇気を持って、重要と思われることだけを抜粋していきます。また、指導案を見ながら生じた疑問や感想も一緒に記しておきます。

実際に授業を参観するときは、配付された指導案は持たず、このマインドマップだけを見ながら参観します。多くの場合、立ったまま参観するので数十枚もの用紙は邪魔になるからです。そして、授業を参観しながら、マインドマップにどんどん追記していきます。事実だけではなく、感想や疑問など頭の中に浮かんできたものをできるだけ多く追記する

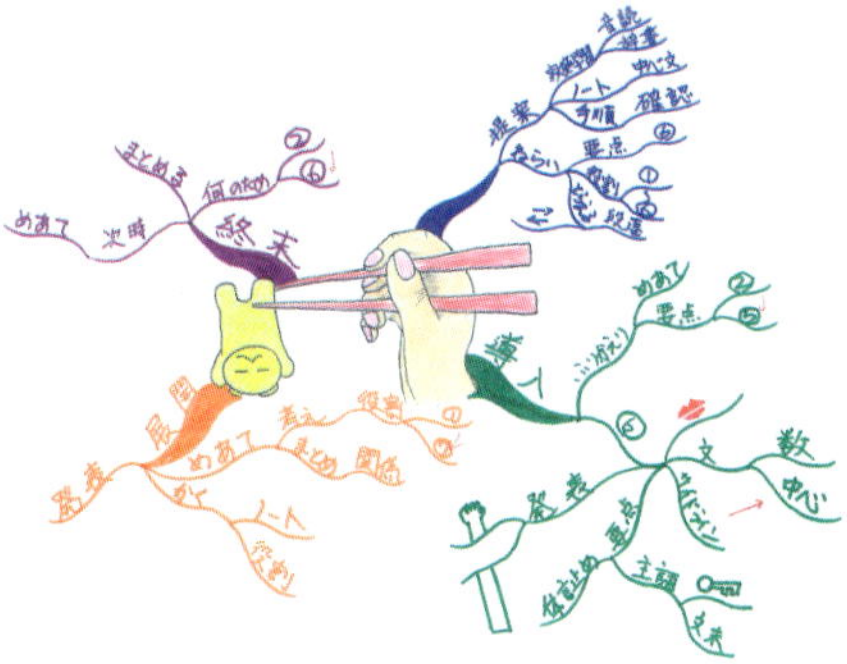
終末
まとめる
何のため
めあて
次時
提案
家庭学習
音読
辞書
ノート
中心文
手順
確認
ねらい
要点
段落
導入
ふり返り
めあて
要点
展開
めあて
まとめ
関係
考え
役割
ノート
発表
文
数
中心
体言止め
要点
主語
文末

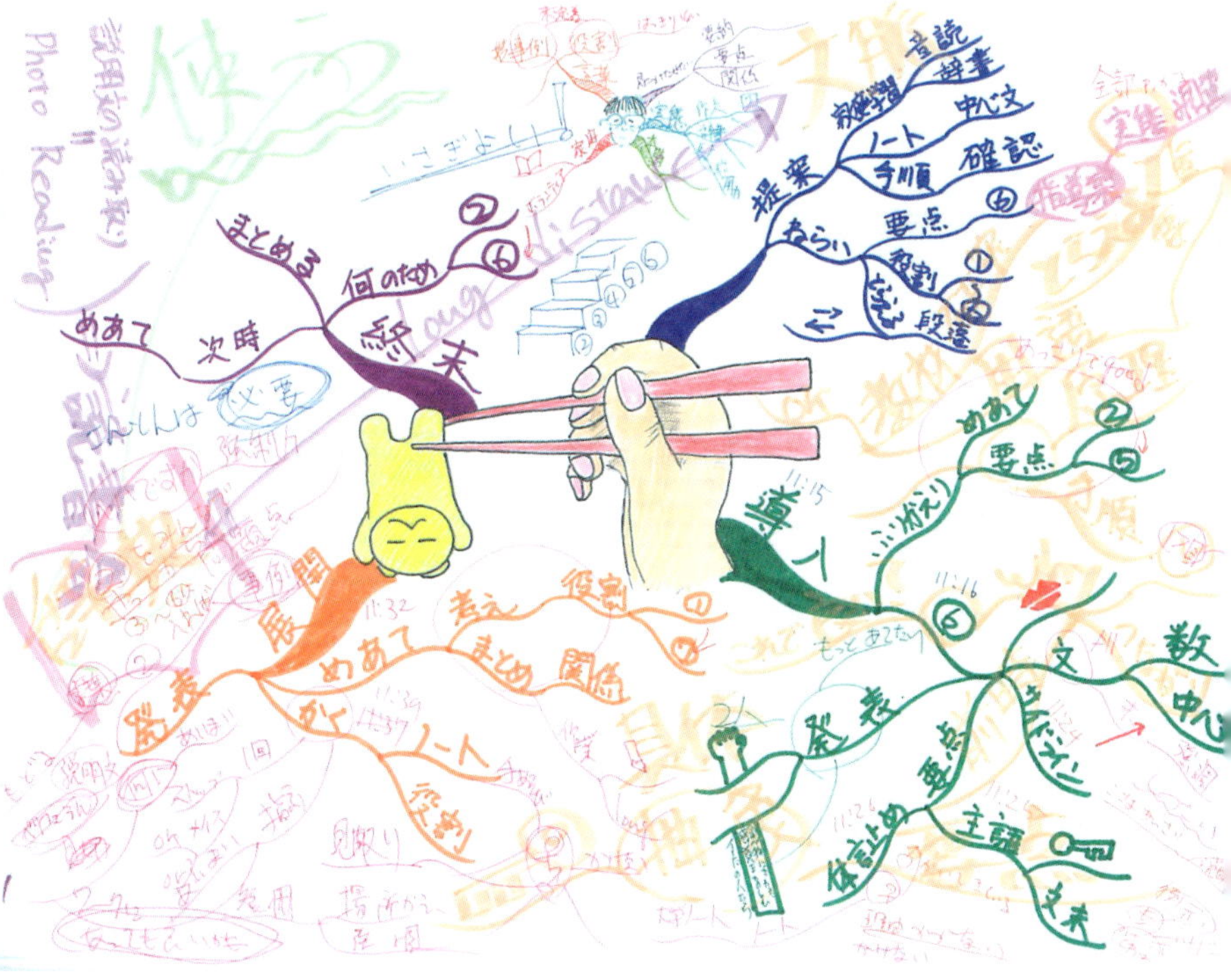
Photo Reading
終末
まとめる
何のため
めあて
次時
必要
提案
家庭学習
音読
辞書
ノート
中心文
手順
確認
ねらい
要点
段落
導入
ふり返り
めあて
要点
展開
めあて
まとめ
関係
考え
役割
ノート
発表
文
数
中心
体言止め
要点
主語
文末
もっとあてたい
Long distance

ようにしています。

この時、最初に描いた時とは違うタイプのペンを使うようにしています。指導案を見ながらマインドマップを描くときはたくさんの色のサインペンで、授業を参観しながら追記するときは多色ボールペンで、さらに授業後の話し合いでの追記ではマーカーペン、というようにペンを使い分けています。ペンの種類を変えることで、後でマインドマップを眺めた時に、どの段階で描かれたものかが一目瞭然だからです。

マインドマップを描きながら他人の授業を参観することで、ただ指導案を見ただけの時よりも、授業者の意図や思い、その思いが授業に生かされているかなどが理解できるようになります。

これは他の職種でも、会議前に議案書や企画書に目を通す時に使える方法です。時間がなくてマインドマップなんか描いていられないという方もいらっしゃると思いますが、会議前にマインドマップを描きながら書類に目を通すことで、思考が整理され、会議がスムーズになり、全体としては時間の節約につながります。

何よりも、このマインドマップ活用法の最大のメリットは、周りの環境に関係なく、自分1人で取り組めることです。まずは自分がマインドマップを使い倒して成果を出し、それから周囲を巻き込みましょう。

前多さんは前作でも印象的な事例を提供してくださったマインドマップの実践者。教育の現場にマインドマップを導入した、先駆け的な存在です。

色だけでなくペンの種類を変えることで、描き加えた「段階」が一目で把握できるというのは、すぐにでも実践できるアイデアだと思います。たとえ、枝や文字が重なったとしても、ペンの種類が違えば把握できるものです。「描くスペースがない」という不安は、マインドマップを描こうとする人が必ず感じるものだと思いますが、重ねて描いても大丈夫なのだと安心して取り組んでみてください。

前多さんのマップは左上の部分に枝もない状態で「いさぎよい！」と描いてあります。マップを描いていて、全体を総括するような感想や印象を持つこともあります。そのような時には、こんな描き方をお勧めします。細かい部分より、そんな総括した感覚のほうが重要である場合が多いからです。

マインドマップ手帳

古賀照生さん

マインドマップでスケジューリングや記録を残している古賀さん。見ていて楽しいマインドマップは、それがどんどん増えていくことで、また楽しさが増大しますよね。

これは、1ページに1週間分の出来事を描いているマインドマップです。マインドマップ手帳術セミナーで習った、スケジュール管理の方法です。最初は1週間のスケジュールを事前に組み立てるために使っていましたが、途中から日記のような使い方にかわりました。

その週の目標や楽しみやイベントをセントラルイメージにして、1週間の簡単な予定を書き出しておきます。そして毎日、予定や出来事を書き込んでいきます。1週間が終わると余白にその週の振り返りを書き込みます。毎日ほんの少しだけ追記していくだけですので簡単です。黒一色で描いて後から色を付けることもあります。そうすることで、日々の振り返りの時間をつくることもできます。後から見直すと、結構鮮明に記憶がよみがえるものです。

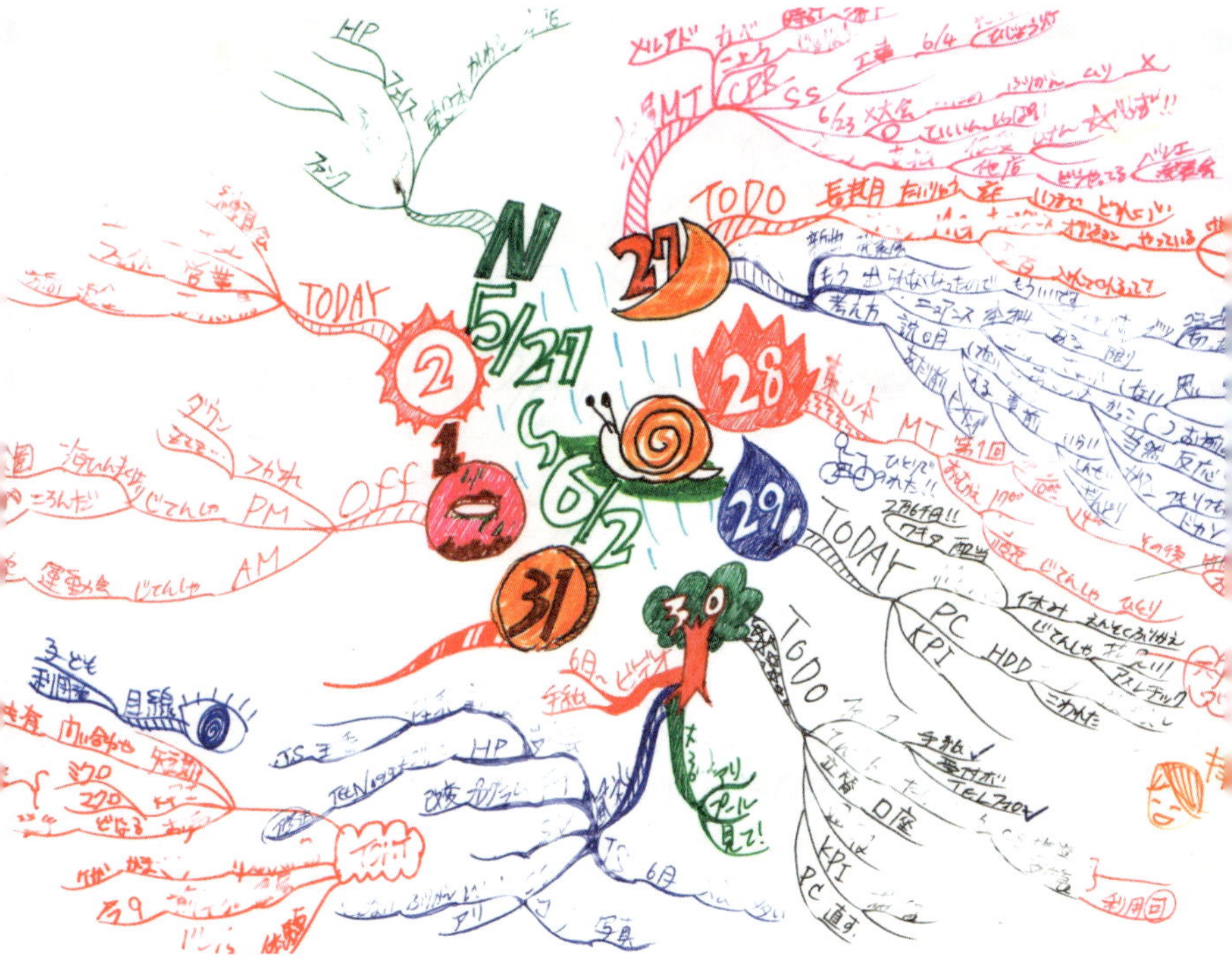
N
5/27
6/2
TODAY
TODO
MT
Off
PM
AM
HP
PC
KPI
HDD

PLAIN
13
NOTE BOOK
14

マインドマップでスケジュール管理をしたり、ＴｏＤｏ（やること）を描いておくと見落としがなくなり効率的です。気持ちに余裕があればセントラルイメージも描き込むことができるでしょうし、忙しければ手軽に済ませるなど、臨機応変に対応できます。そして、そんなマインドマップの状態それ自体が、振り返ると最もわかりやすいコンディション把握になっていたりします。

脳というのは、慣れていることには省エネモードで対応しようとします。スケジュール管理も、慣れてくるとついつい手抜きになりがちですが、セントラルイメージを描くことを意識すると、常にそれが刺激となり、マンネリを予防することができます。それが結果として、１週間をメリハリをもって過ごすことにつながっていくと思います。

マインドマップ名刺

淺田義和さん

手帳と同じく、マインドマップ愛用者が好んで使っているのが名刺です。研究者でもあり、多方面で活動されている淺田さんは、それらたくさんの情報を小さな一枚の紙に盛り込むために、いろいろな工夫をなさっているようです（研究者としての活用例は１６８ページに）。

これは、私の個人名刺の裏面用に作成したマインドマップです。

私は、普段の職務内容に加えて外部でのセミナーに参加したり、あるいは講師などを行ったりすることもあります。こうした会においては所属の名刺だけでなく、個人名刺を合わせて用意しておいた方が便利なことがあります。このマインドマップ名刺は、そういったときに気軽に使えるよう作成したものです。

連絡先などは表面に記載しているので、このマインドマップには「自分はこういう者です」ということを簡単に表現できるよう情報を集約してみました。メインブランチにはあえて文字を書かず、アイコンだけで表現しています。用紙サイズが小さいため、少しでも文字を減らして見やすくしようと考えた結果、「イラストだけでも通じそうなところは文

淺田義和
nstructional Design
Mind Map
Gamification
World Cafe
Simulation
e-Learning
医療
自治医大
教員
熊本大
修士課程
個人
講師
執筆
EVERNOTE
を便利に使う48の技
モレスキン
vernote
tools
iOS
Mac
dev
GTD
OmniFocus
読書
ブログ
読書録
diary的
研究ログ
twitter
facebook
flipboard

字を書かないようにしよう」と踏み切ったわけです。

メインブランチの内容は右上から反時計回りで「自分の所属」「学んでいること・仕事に使っていること」「自分の好きなもの」「情報発信に使っているもの」の4つです。見て分かるように、何らかの形でそれぞれのブランチが関連性を持っているため、これ1枚でも自分の人となりを話すには十分です。「元々◯◯をやっていたのが、転じて××をやるようになりました」など話を続けやすくなりますし、色々な観点からキーワードを盛り込んでいるので、1つ2つは話を続けるポイントになったりもしています。

半年〜1年くらいで見直して、新しく作成し直すようにしています。特に自分の興味関心や最近のトレンドについてはポイントを絞ってブランチを伸ばすようにしているので、過去の名刺マインドマップと見比べてみると自分の変化にも気づけて面白いです。

最初の目的は「名刺用」でしたが、「今の自分はどんな人間なのか？」を端的に整理するためのツールとしても使えるため、年末年始などの節目で自分のゴールを見返したりするときにも利用できそうな感じがしています。


名刺のマインドマップは、渡した時の反応も良好ですよね。浅田さんの場合はお名前ですが、写真や似顔絵をセントラルイメージにしている方も多く、文字情報だけの名刺よりも印象に残りやすいというのは大きなメリットだと思います。

多忙なときこそ段取りをマップに

砂川由利さん

教育や福祉の現場での新年度の忙しさは、ビジネスパーソンには想像できないのでは、と思えるほどです。私も保育士時代は、次から次にやらなければならないことが目の前に現れて、「出勤してから退勤するまで一度もトイレに行っていない！」なんてこともありました。

それくらい忙しくなると、ちょっとしたことでも書き出しておかないと忘れてしまいます。養護教諭の砂川さんは、そんな場面でマインドマップをうまく活用なさっています。

私は小学校の養護教諭をしています。新年度はクラス替えや担任が変わることで、子どもたちが落ち着かず、何かと保健室にくる子が多くなる時期です。けがや具合の悪い子の対応はもちろんのこと、その他の目的で来室する子どもの対応などで、気が付くと下校時刻になってしまいます。

また、4～6月にかけては健康診断があり、準備や事後措置など猫の手も借りたいくらい忙しい時期でもあります。あれもこれもとやらなくてはならない仕事が重なり、気持ちばかりがあせってしまいます。

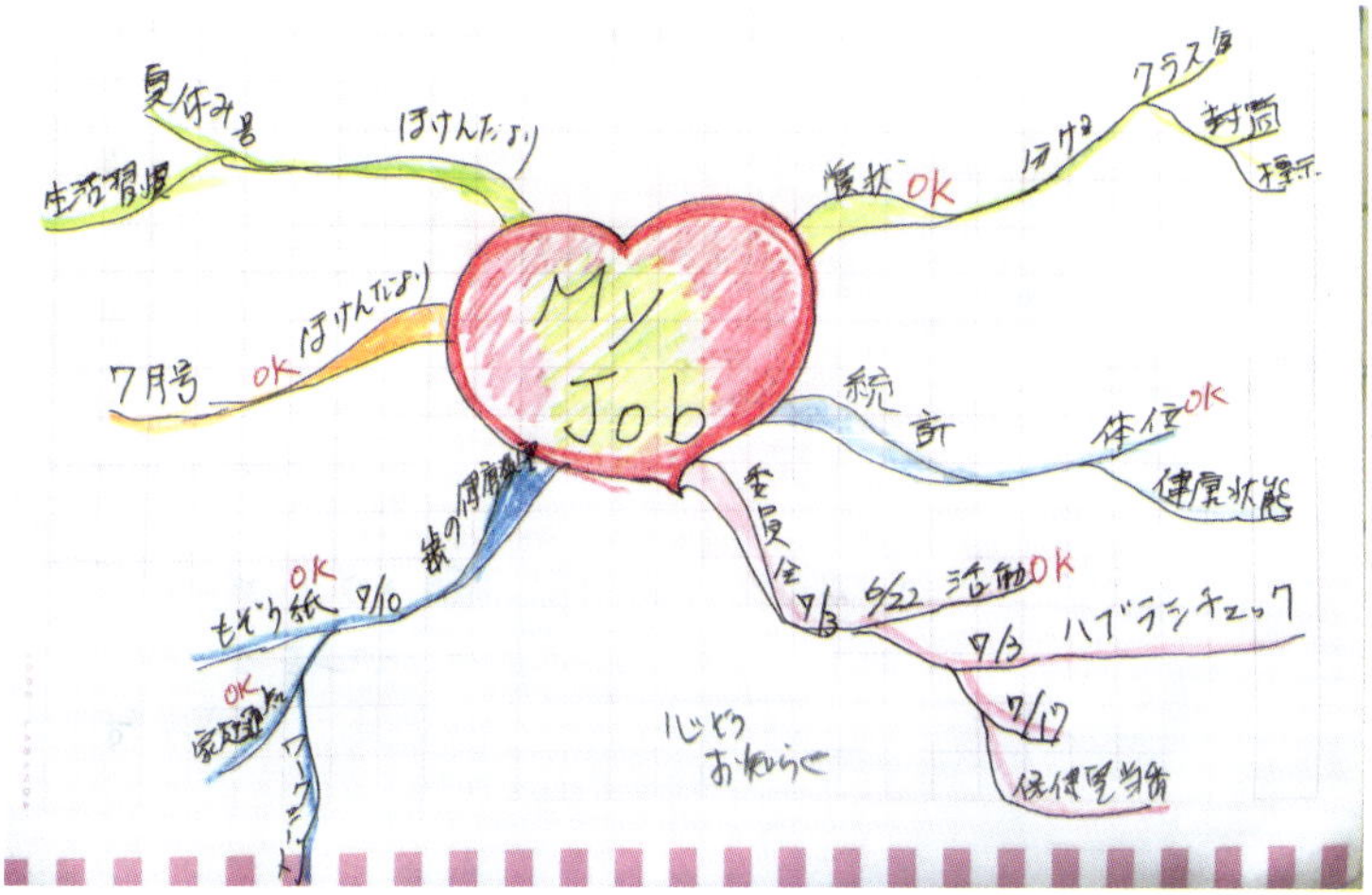
My Job
ほけんだより
夏休み号
生活習慣
ほけんだより
OK
7月号
賞状 OK
クラス毎
封筒
統計
体位 OK
健康状態
委員会
6/22 活動 OK
7/3
7/3 ハブラシチェック
7/17
保健室当番
もぞう紙 OK
7/10
ワークシート
OK

こんな時に仕事の段取りをマインドマップにすると、頭の中が整理され、仕事を進めることができます。マップを見ながらひとつずつ仕事を進めていき、終わったものは印をつけておけば安心です。

看護師さんや保育士さんが、手にメモをしているのを見たことはないでしょうか？　小さなメモ用紙に書いても、園児の鼻をかんだティッシュに紛れて捨ててしまうし、手帳を持ち歩くわけにもいかない。そうなると、とりあえず手にメモしておくのが手っ取り早いのです。

ただ、そのメモは、せいぜいその日限り。週間計画や月間計画には不向きですよね。まして や、養護教諭や、保育園に勤める看護師さんは、検診などで園外の医療機関と連絡を取ったり、役所との事務手続きがあったりと、抜けや漏れが許されない立場でもあります。

マインドマップなら「やったこと、やっていないこと」のチェックがしやすく、思いついたことを描き込みやすいため、タスク管理に最適です。また、一度描いておけば「毎年やっているのに、何をするのか毎年忘れちゃって慌ててしまう」といったことも防ぐことができます。

それだけでなく、人事異動の際の引き継ぎの準備にもなります。引き継いでおくと良いと思われる細かな配慮というのは、教育・医療・福祉の分野にはたくさんあります。小さなミスも許されない現場では、そのような細かな配慮もマインドマップに一緒に描き込むことで、誰でもすぐに役立てられる資料になるのです。

「やりたいこと」や情報を整理

赤坂英彦さん

コンピューター関連のコンサルタントをなさっている赤坂さんは「個人のやること整理」として、「やりたいこと（Ｗｉｌｌ）」「すべきこと（Ｍｕｓｔ）」「できること（Ｃａｎ）」を使ってブランチを伸ばしています。セミナーや読書においてもマインドマップを活用し、情報をしっかりとご自身のものにされています。

①個人のやること整理

仕事で自分のやりたいことを検討する際にマインドマップを利用してみました。「やりたいこと（Ｗｉｌｌ）」「すべきこと（Ｍｕｓｔ）」「できること（Ｃａｎ）」の重なる部分が自分の強みになると聞いたので、それをＢＯＩに書き、３つの視点から「やること」をそれぞれ列挙し、共通項を拾い上げてベストな「やること」を探し出しました。

連想ゲームのように思いつくものを枝に挙げていき、最後に重複するところを力を入れるべき項目とし、色鉛筆で囲んで強調しました。重複部分のみに色を塗ることで、重要な個所を目立つようにしています。後で見直した時に、すぐに分かるようになります。

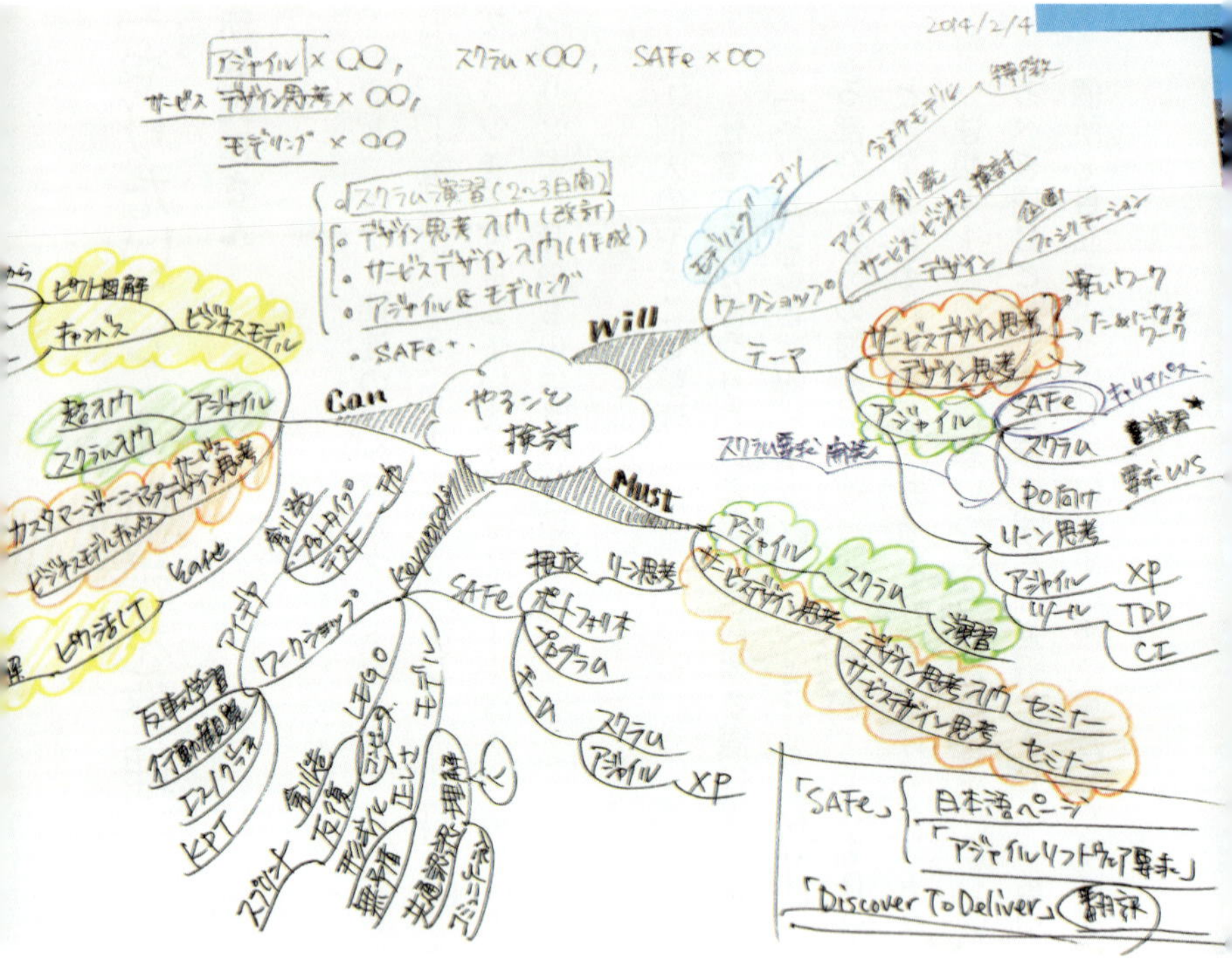
2014/2/4
アジャイル×○○，　スクラム×○○，　SAFe×○○
サービスデザイン思考×○○，
モデリング×○○
スクラム演習（2〜3日間）
デザイン思考入門（改訂）
サービスデザイン入門（作成）
アジャイル＆モデリング
SAFe
やること検討
Will
Can
Must
ピクト図解
キャンバス
ビジネスモデル
超入門
アジャイル
スクラム入門
サービスデザイン思考
ビジネスモデルキャンバス
その他
ピクト活用
ワークショップ
アイデア創発
サービスビジネス検討
企画
ファシリテーション
デザイン
テーマ
楽しいワーク
ためになるワーク
デザイン思考
SAFe
キャリアパス
スクラム
書籍
PO向け
要求WS
リーン思考
ツール
XP
TDD
CI
スクラム
演習
デザイン思考入門セミナー
サービスデザイン思考セミナー
投資
ポートフォリオ
プログラム
チーム
Keywords
KPT
LEGO
「SAFe」
日本語ページ
「アジャイルソフトウェア要求」
「Discover To Deliver」
翻訳

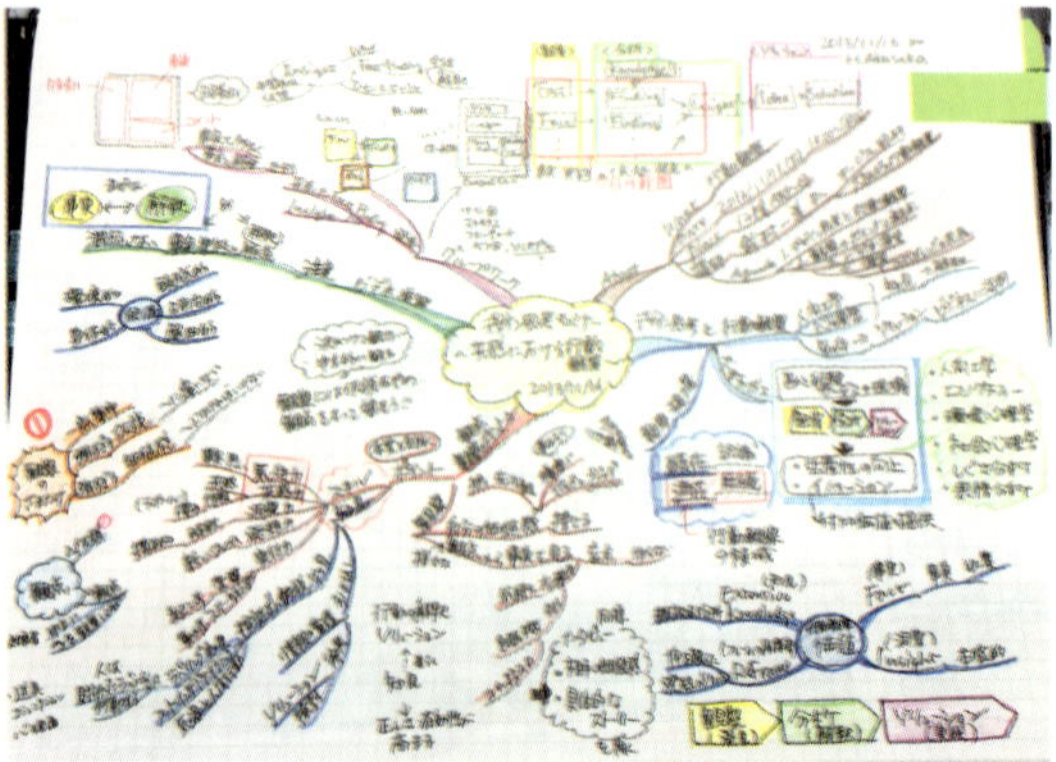

②セミナー受講メモ

私の場合、マインドマップの利用頻度が最も高いのがセミナー受講メモです。受講時は黒ボールペンでマインドマップを作成しておき、後で色鉛筆で色付けします。気分が乗っている時は、その場で色付けまで行うこともあります。

セミナーの最初に示されるアジェンダ（目次）をもとに最初の太い枝（BOI）を描いていきます。大まかに全体像がつかめれば枝も描きやすくなります。

マインドマップで受講メモをとるときに工夫していることは以下の5つです。

・空いているスペースは自由に使う
・いっぱいになったらそれ以上描くのは諦める（または別のマップを描く）
・興味のある図やイラストはなるべく描き残す
・重要なものは囲んで強調する
・枝が続けて描けないときは、フローティングで小さいマインドマップを描く

黒で描いた後、カラーで囲んだり、上塗りしたりしているところに、マインドマップを楽しもうという気持ちの余裕を感じます。他の図解も並列で記入してあったりと、マインドマップだけにこだわらずに活用されているところが、とても実践的だと思います。

ミス・コミュニケーションを防ぐ

伊澤和浩さん

小学校の先生として、児童や同僚や保護者など相手に合わせた伝え方を意識なさっている伊澤さん。80ページの大掃除の例に続いて、学校でのマインドマップを見せてくださいました。わかりやすく伝えることで、理解しやすく、ミス・コミュニケーションもなくなります。

私が以前勤めた宮城県のある公立小学校は、1学年1学級の小規模校。田園地帯にあり、とてものんびりとしたところです。

当時担任した学級には、特別な支援を必要とする児童が多数在籍していました。担任一人では限界があり、教員補助員を配置してもらって、協力し合いながら指導に当たっていました。

課題は、教員補助員とのコミュニケーションや相談の時間がなかなか取れないことです。教員補助員の方の勤務時間が、教員とのそれとは全く別物だからです。

そんな中、小学校でも大きな行事としての学芸会がやってきました。単学級なので、担任が脚本、美術、演出、音響、舞台監督等、すべてやらなければなりません。猫の手も借りたいほどです。頼りになるのは教員補助員の方。ただ、上手に動いてもらうためには、やはりじっくり打ち合わせをする必要があります。でも、なかなか時間が取れない。

そこで、コミュニケーションツールとしてのマインドマップです。学芸会の打ち合わせ用マインドマップを作ってみました。

演目のコンセプト、演出、準備、リソース、ストーリー展開、指導上の留意点、子ども達に育ててもらいたい力というざっくりとした視点をメインブランチに据えたものです。教員補助員の方には、全体像をとらえた上で、その文脈の中で具体的な支援を心掛けていただきたいと思っていたので、実際の現場では、より的確な対応ができていたように思います。

また、仕事を進める中で気付いたのは、このマインドマップに描き加えながら短時間で打ち合わせができたことです。トラブルや緊急の課題があっても、状況に流されずに、絶えず全体を見つめながら対応を考えられました。

ＴｏＤｏ機能があるので、完了した仕事、作業途中の仕事、そして、早急に取りかからなければならない仕事がパッと見で分かりやすいというのもあります。時には、足りないところをフォローし合うこともできました。このマインドマップが１枚あるのとないのとでは、大きな違いだったと思います。

学芸会当日、ハラハラドキドキしながらも、子ども達が自分たちのカラーを出し切って、

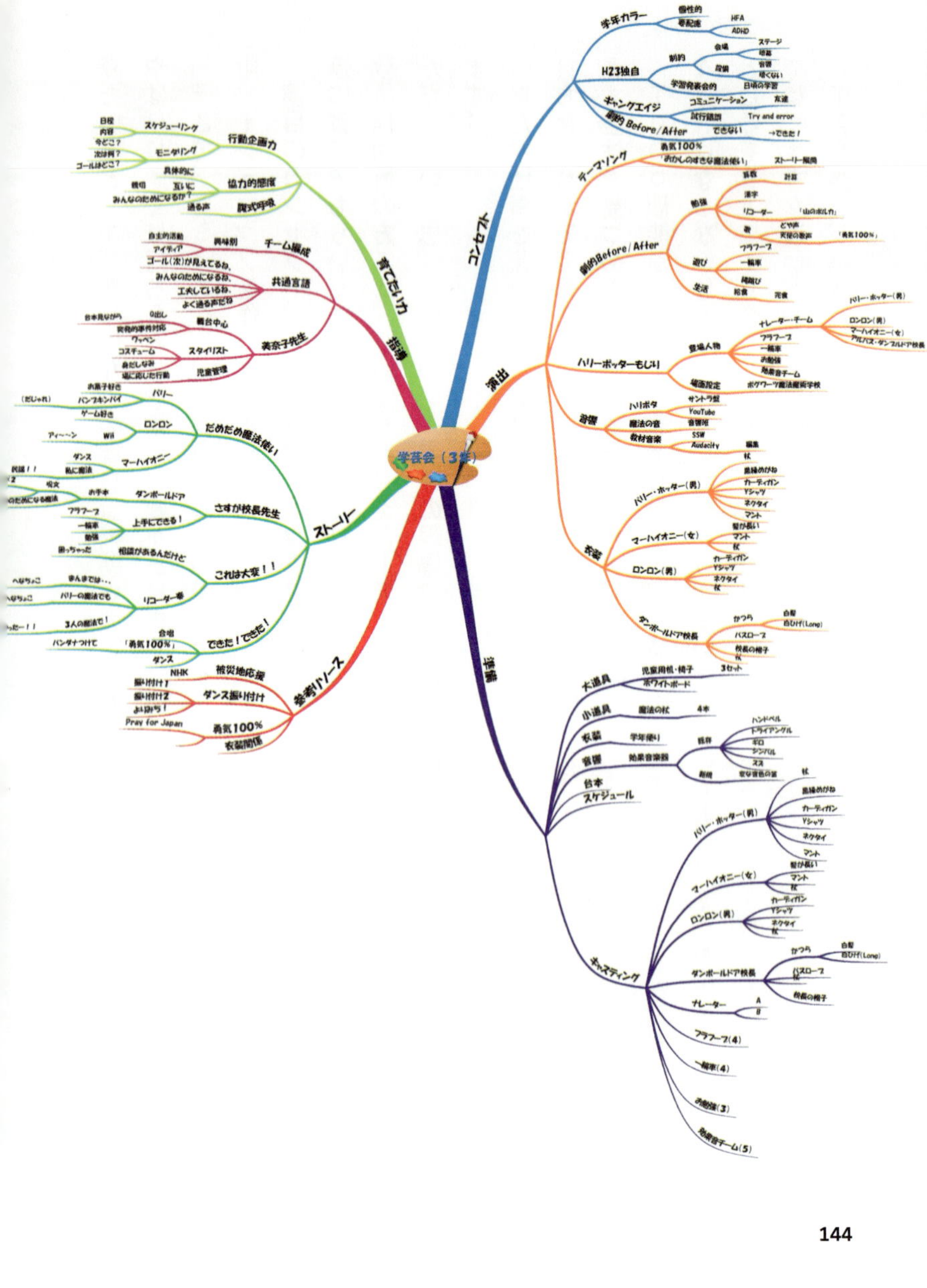

学芸会（3年）
コンセプト
学年カラー
個性的
要配慮
HFA
ADHD
H23独自
制約
会場
ステージ
暗幕
音響
段階
狭くない
学習発表会的
日頃の学習
ギャングエイジ
コミュニケーション
友達
試行錯誤
Try and error
劇的 Before/After
できない
→できた！
演出
テーマリング
勇気100％
「おかしのすきな魔法使い」
ストーリー展開
劇的Before/After
勉強
算数
計算
漢字
リコーダー
「山のポルカ」
歌
どや声
天使の歌声
「勇気100％」
遊び
フラフープ
一輪車
縄跳び
生活
給食
完食
ハリーポッターもじり
登場人物
ナレーター・チーム
ハリー・ポッター（男）
ロンロン（男）
マーハイオニー（女）
アルバス・ダンブルドア校長
フラフープ
一輪車
お勉強
効果音チーム
場面設定
ホグワーツ魔法魔術学校
音響
ハリポタ
サントラ盤
YouTube
魔法の音
音響班
教材音楽
SSW
Audacity
編集
衣装
ハリー・ポッター（男）
杖
黒縁めがね
カーディガン
Yシャツ
ネクタイ
マント
マーハイオニー（女）
髪が長い
マント
杖
ロンロン（男）
カーディガン
Yシャツ
ネクタイ
杖
ダンボールドア校長
かつら
白髪
白ひげ（Long）
バスローブ
校長の帽子
杖
準備
大道具
児童用机・椅子
3セット
ホワイトボード
小道具
魔法の杖
4本
衣装
学年便り
音響
効果音楽器
既存
ハンドベル
トライアングル
ギロ
シンバル
スズ
新規
変な音色の笛
台本
スケジュール
キャスティング
ハリー・ポッター（男）
杖
黒縁めがね
カーディガン
Yシャツ
ネクタイ
マント
マーハイオニー（女）
髪が長い
マント
杖
ロンロン（男）
カーディガン
Yシャツ
ネクタイ
杖
ダンボールドア校長
かつら
白髪
白ひげ（Long）
バスローブ
杖
校長の帽子
ナレーター
A
B
フラフープ（4）
一輪車（4）
お勉強（3）
効果音チーム（5）
育てたい力
行動企画力
スケジューリング
日程
内容
モニタリング
今どこ？
次は何？
ゴールはどこ？
協力的態度
具体的に
互いに
親切
みんなのためになるか？
儀式呼吸
通る声
指導
チーム編成
興味別
自主的活動
アイディア
共通言語
ゴール（次）が見えてるね。
みんなのためになるね。
工夫しているね。
よく通る声だね
美奈子先生
舞台中心
0出し
台本見ながら
突発的事件対応
スタイリスト
ワッペン
コスチューム
身だしなみ
児童管理
場に応じた行動
ストーリー
だめだめ魔法使い
ハリー
お菓子好き
パンプキンパイ
（だじゃれ）
ロンロン
ゲーム好き
Wii
アィ～～ン
マーハイオニー
ダンス
私に魔法
さすが校長先生
ダンボールドア
お手本
呪文
のためになる魔法
上手にできる！
フラフープ
一輪車
勉強
これは大変！！
相談があるんだけど
困っちゃった
リコーダー巻
まんまでは…
へなちょこ
ハリーの魔法でも
へなちょこ
3人の魔法で！
できた！できた！
合唱
「勇気100％」
バンダナつけて
ダンス
参考リソース
被災地応援
NHK
ダンス振り付け
振り付け1
振り付け2
よい子ら！
勇気100％
Pray for Japan
衣装関係

自信をもって演技できたことは言うまでもありません。

教育や福祉の現場で働く人の共通の苦労は、「やることが多いのに時間が足りない」というもの。人に関わる仕事で、その部分には手を抜けないため、どうしても事務仕事や打ち合わせなどにしわ寄せがいきます。

そのわずかな時間を有効活用できるのがマインドマップです。文章の議事録は読み返すのが大変ですし、慌ただしく打ち合わせをすると、うっかり確認し忘れたことがあったり、ちゃんと内容を覚えていなかったりもします。そういった点をすべて補ってくれるので、本当に便利ですよね。

仕事の効率、正確性を高める

M・Miyaさん

帰国子女でバイリンガルのMさんは、その能力ゆえに本来の自分の業務以外の仕事もこなさなければならないほどの忙しさ。仕事の効率化や正確性を高めるためにマインドマップを活用されています（マップは148ページ）。

私は仕事でマインドマップを使用しているため、セントラルイメージは文字のみで、枠を手描きで囲っています。枠については、直線で囲むのではなく、その時の気分が反映されるように雲の形をした枠にしています。

各ブランチについては、すでに理解していることは描かず、自分の頭の中であいまいになっていること、特に重要と思えること、不安要素を描いています。ポイントとしては、頭の中に思い浮かんだことを全部、はき出すように描くことです。

これは、ある計算プログラムの運用業務の課題をひもといていくマインドマップです。業務（タスク）を複数のセントラルイメージにしています。

「課題」のブランチには「理由」のサブブランチを立てて、その根拠を挙げています。考えられる大きな要因をブランチ毎に列挙。自分の頭の中で「たぶんこの要因が原因だろうな～」と思っていることをマインドマップにすべてはき出しました。

その要因から、やるべき業務を「ワーク」というブランチに描きました。ここで、計算プログラムのバージョンの違いが曖昧になってしまったので、それを復習する意味で小さなセントラルイメージを追加しています（右下部）。また、各バージョンで共通していることを、緑色の文章で記載しています。このように、ブランチの要点を簡潔なメモで書いて、重要ポイントはフラグ（旗）の絵を描いて番号をつけています。

当初、自分が思っていた課題よりも他の課題がひそんでいたことが理解できたマインドマップです。課題をひもといていくことで、本当の課題が見えてきました。

さまざまな要因が複雑に絡んでいるような場合は、メモ書きだと関連性を見つけ出しにくく、時間がかかってしまうことがあります。ひとつのマインドマップにきれいにまとまっていることが大切なのではなく、いくつものマインドマップが一枚の紙の中に描かれていることで解決につながったという事例だと思います。

前作では結婚式のマインドマップを提供してくださったMさん。引き続きマインドマップを活用しているご様子が伝わってきて、とてもうれしいです。

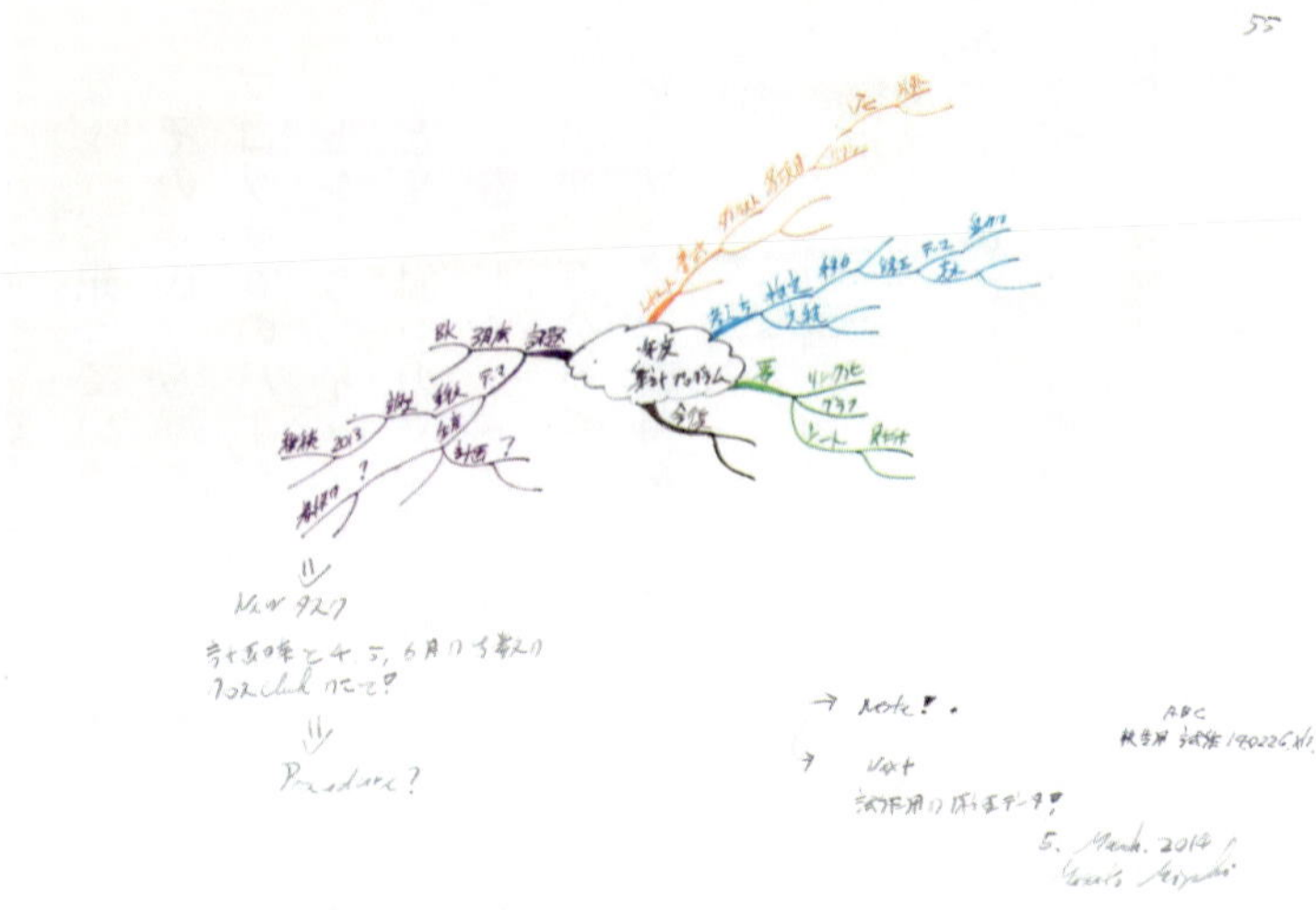
55
5. March. 2014

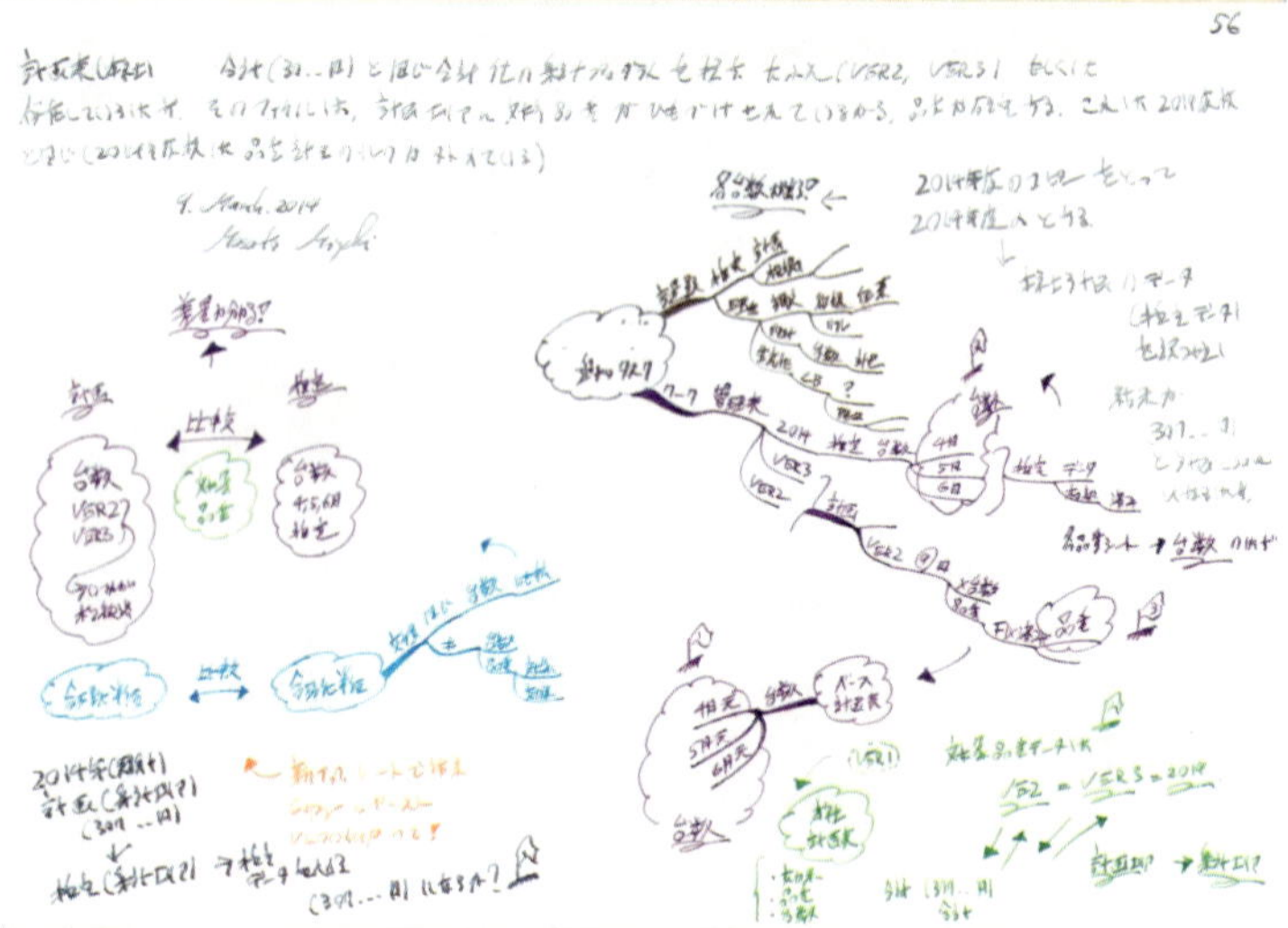
56
9. March. 2014

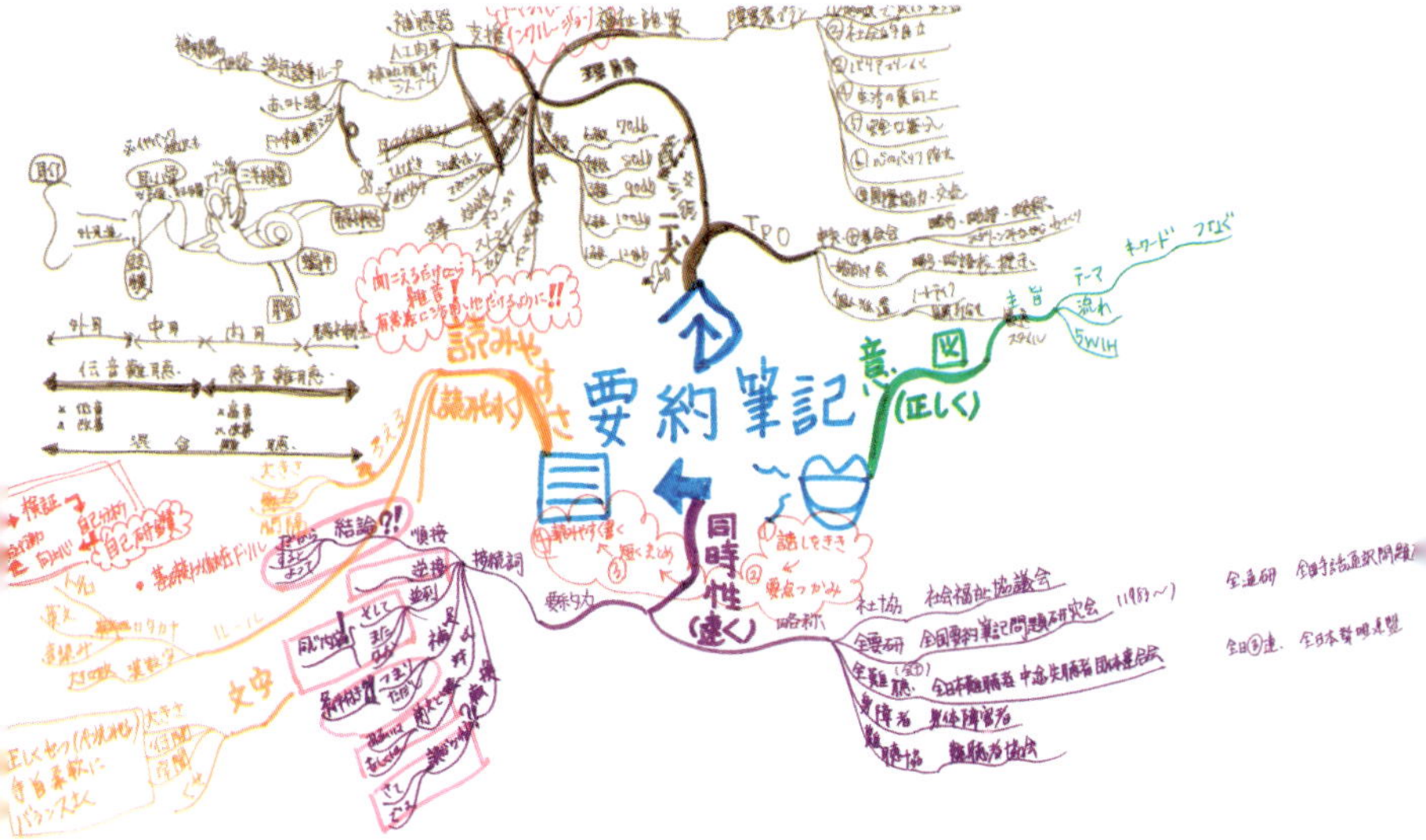
要約筆記
意図
(正しく)
同時性
(速く)
読みやすさ
主旨
テーマ
流れ
5W1H
キーワード　つなぐ
TPO
理解
支援
社協　社会福祉協議会
全要研　全国要約筆記問題研究会
難聴者協会
話しをきき
要点つかみ
短くまとめ
読みやすく書く
結論
接続詞
順接
逆接
文字
大きさ
外耳
中耳
内耳
伝音難聴
感音難聴
混合
聞こえるだけでは雑音!
全通研　全国手話通訳問題
全日ろう連　全日本聾唖連盟

「要約筆記」を説明する

Y．Miyaさん

SEとして働くYさんは、聴覚障害者向けの要約筆記に関するマインドマップを見せてくださいました。その他にも、スキルアップのために使ったり、ご主人との趣味のマラソンなど、夫婦のコミュニケーションにも活用されているそうです（マップは149ページ）。

聴覚障害者支援活動として続けている要約筆記について描いたマップです。要約筆記とは、話の内容を要約して文字にし、聞こえない（聞こえにくい）人に、話の内容を伝える手段の1つです。

セントラルイメージには、要約筆記の7つ道具を描きました。6つのメインブランチを抽出し、注意すべきポイントや、基本的な技術を書き出しました。

このマインドマップを描いたことで、自分が意識できていることと、身についていないことが明確になりました。習得できている知識の少なさに改めて気が付き、向上意欲が湧きました。

2枚目のセントラルイメージには、話し言葉を文字化するイメージを描きました。要約筆記の三原則である「速く・正しく・読みやすく」の、利用者のニーズをプラスしたマップに仕上げました。

マインドマップの効果は、自分の考えや思いを明確にできることです。何かに行き詰まった時には、決まってカラフルにメインブランチを描き出します。楽しく描き出しているうちに、自然と本題にも向き合うことができます。まとまっていない考えが明確化できると、課題も見いだせますし、気持ちがすっきりします。そして、マップに対するイメージがまた一層よくなる、そんな繰り返しです。

会社では、人事考課の目標設定に活用しています。なりたいイメージを具体化して目標設定ができ、根拠を明確に説明することができます。上司への伝わりもよく、より良いアドバイスをもらえるようになりました。

夏休みやゴールデンウィークなど、まとまった休日の際は、連休の過ごし方を、夫婦で一緒にマップしながら、プランニングしています。お互いの望み、興味を知ることができ、そこに自分の望みを上乗せしたプランニングができます。興味の視野や、アイデアの幅が広がり、お互い、大満足な休日を過ごせることが多くなりました。

また、時間が十分に取れない時には、前回のマップを振り返ることで、短時間でプランニングができます。時短効果は、主人には、とてもありがたいようです。

実は、マインドマップで相性診断ができるのです！　マインドマップには人格、信念や価値観など、人間性が投影されています。そういったものが、一瞬にして感じられるのがマインドマップです。

似た者夫婦という言葉がありますが、マインドマップが似ていたり、いいな～と感じられる人とは根本的に気が合うようです。そんなことをここで書いているのは、このYさんは前項のMさんとご夫婦だからです。マップが似ていると思いませんか？

ここからは、私なりの「マインドマップ性格診断」です。枝の太さは自信、細さは繊細さを表現しています。単語に対して枝が長くなる人は、気が長かったり、優柔不断的だったりします。短い枝になる人は、判断が早かったり、早とちりだったりします。枝のカーブが大きい人は、こだわりが多く、粘着質な面もあります。カーブがなだらかな人は、あっさりしている人です。色使いにも、その人の性格が表れます。

何が良いとか正解とかいった問題ではありませんが、マインドマップから性格を読み取れるとしたら、活用しない手はないですよね。

マインドマップで売上が10倍に

春木健也さん

マインドマップを活用することでクッキーの売上を10倍にした春木さん。作り手のわかりやすさを考えた時に、言葉だけの指示よりも、目で見ることができて繰り返し確認しやすいマインドマップを導入したそうです。

私は、ルーティンとは異なる仕事に取り組む際の段取りに、マインドマップを活用しています。

私が勤務する障害者福祉施設では、施設利用者と一緒にクッキーを製造しています。通常は、近隣のスーパーや産直品販売所などを中心に販売していますが、年に数回、イベントなどで配付するための大量注文（多い時で１０００個程度）があります。このような大量注文は店舗向けとは異なる仕様での指定が多いのですが、頻度が少ない上、毎回の仕様も異なるため、ほぼ一からの段取りが必要となります。

その際、全体のイメージは頭の中に描けるものの、何が必要で、何から手を付ければよいのか、具体化することがなかなかできません。どれだけ頭で考えても前に進まない状況です。そのような時にマインドマップを活用しています。

マインドマップは、製造スペースのホワイトボードを用いています。中心から伸ばす枝には品名や納品時期、数量、クッキーの仕様、必要材料、そして、具体的なレシピなどを描いていきます。全体像をマインドマップで把握できたら、製造スケジュールへの落とし込み、材料発注などの次の段階へと移ることができます。

このようにして、まずマインドマップを活用して全体を俯瞰することで、製造数量が多い場合であっても、また、スケジュールがタイトであっても慌てることなく、気持ちにゆとりを持って対応できるようになりました。

それまでは「納期に間に合うだろうか……」という不安感がありました。しかし、マインドマップを活用するようになってからは「よし！　これでいけるぞ！」という安心感が生み出されるようになりました。

また、一緒にクッキー製造に取り組む施設利用者への支援にも効果が出ています。

利用者支援に携わる自分自身の心にゆとりがなければ、利用者を慌てさせ、不安を与えてしまうかもしれません。その結果、利用者にとっても普段通り落ち着いてクッキー製造に取り組むことができなくなってしまいます。マインドマップを活用することで、仕様通りのクッキーを納期内に製造すること、そして利用者に対しても通常と変わらない支援ができるようになりました。

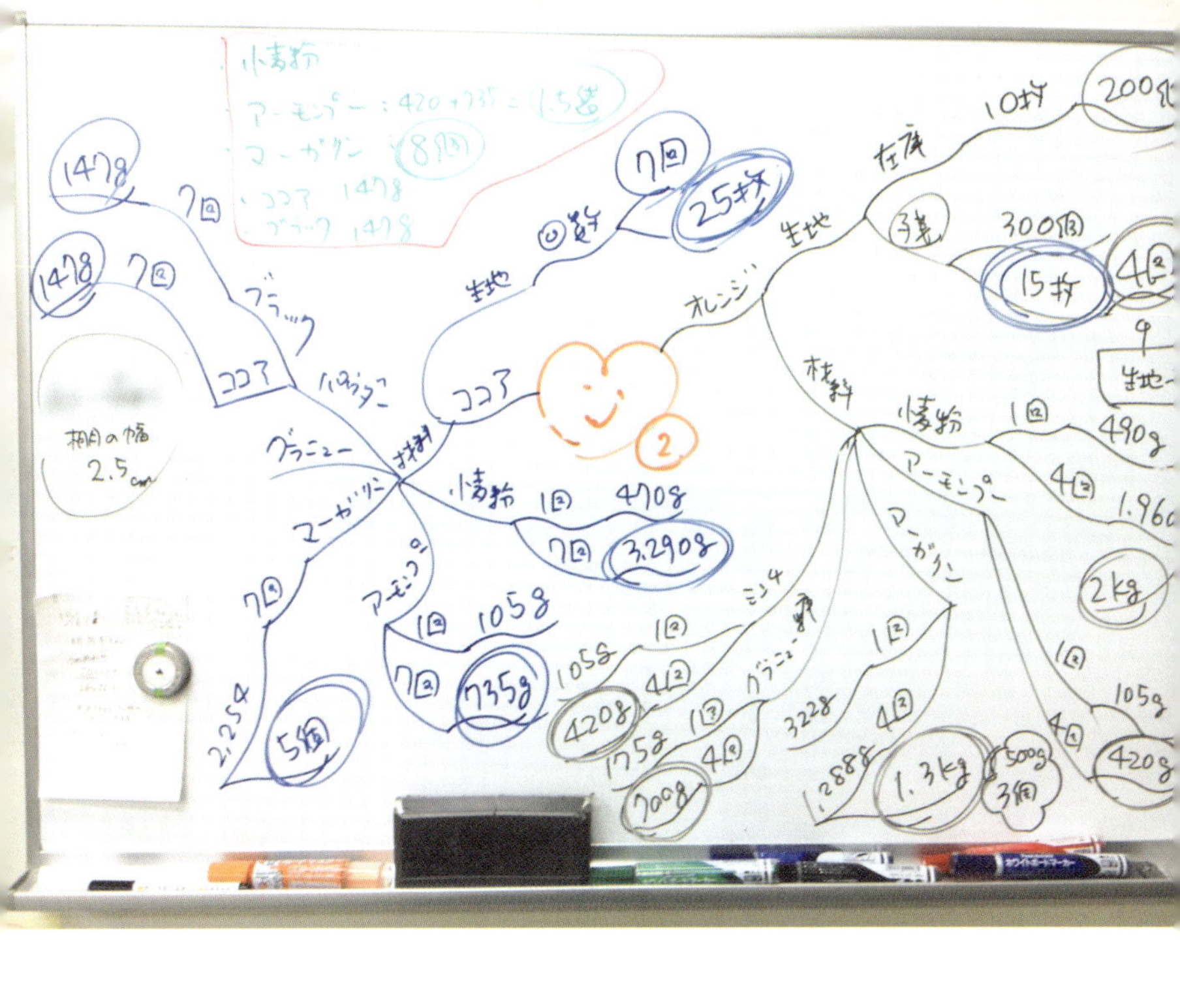

小麦粉
1478
7回
ブラック
ココア
グラニュー
マーガリン
5個
アーモンプー
105g
735g
470g
3,290g
生地
7回
25枚
オレンジ
2
材料
10枚
200g
300個
15枚
490g
1.3kg
420g
2kg

私にとってマインドマップは欠かすことの出来ない段取りツールとなっています。「段取り八分」の状態を「段取り九分」の状態にまで高めることができる、そんな満足感と心のゆとりが生み出されています。

福祉施設の利用者さんには、身体的あるいは精神的にケアが必要な方もいらっしゃると思います。指示された内容が一度で理解しきれなくても、ホワイトボードに描かれていることで何度でも確認できますし、文章を読んで理解するよりも段取りが理解しやすい点が、作業のしやすさにつながります。

もちろん指示を出す側も、段取りが十分に把握できていないなどの問題点に、マインドマップを描いた時に気付くことができますし、他の職員との共有もしやすくなります。特にレシピなどはマインドマップに向いていると思います。

春木さんは、おかし作りチームの売上向上の手腕を買われて、地域に配布するチラシ作りや学校との交流行事の責任者として、さらにマインドマップを活用されています。

コミュニティーレストランの運営

野上こうこさん

お寺の若奥さまでありながら、レストラン運営、セミナー講師、そしてボランティア活動と、多忙でありながらもそれを感じさせない、こうこさん。いつも笑顔で、さらりといろいろなことをこなしていらっしゃいます。

ライフワークとして活動しているコミュニティーレストラン「風のごはんや」で使っているマインドマップです。

シェフを担当する日は、メニューを考え、買い出し、レシピ作りまでのすべてを一人で行います。メニューを考える時は、頭の中のイメージから始まります。主菜を決め、副菜・汁物・デザートは何がいいかも考えます。買い物忘れのチェック、手順のチェックも行い、これをボランティアスタッフで共有します。

マインドマップを使う前は言葉で説明していましたが、聞いたことのイメージは人によって違うので、伝わらないことが多くありました。普通のメモも使っていましたが、並行して行われる作業全体の把握はむずかしく、無駄な動きも多くありました。

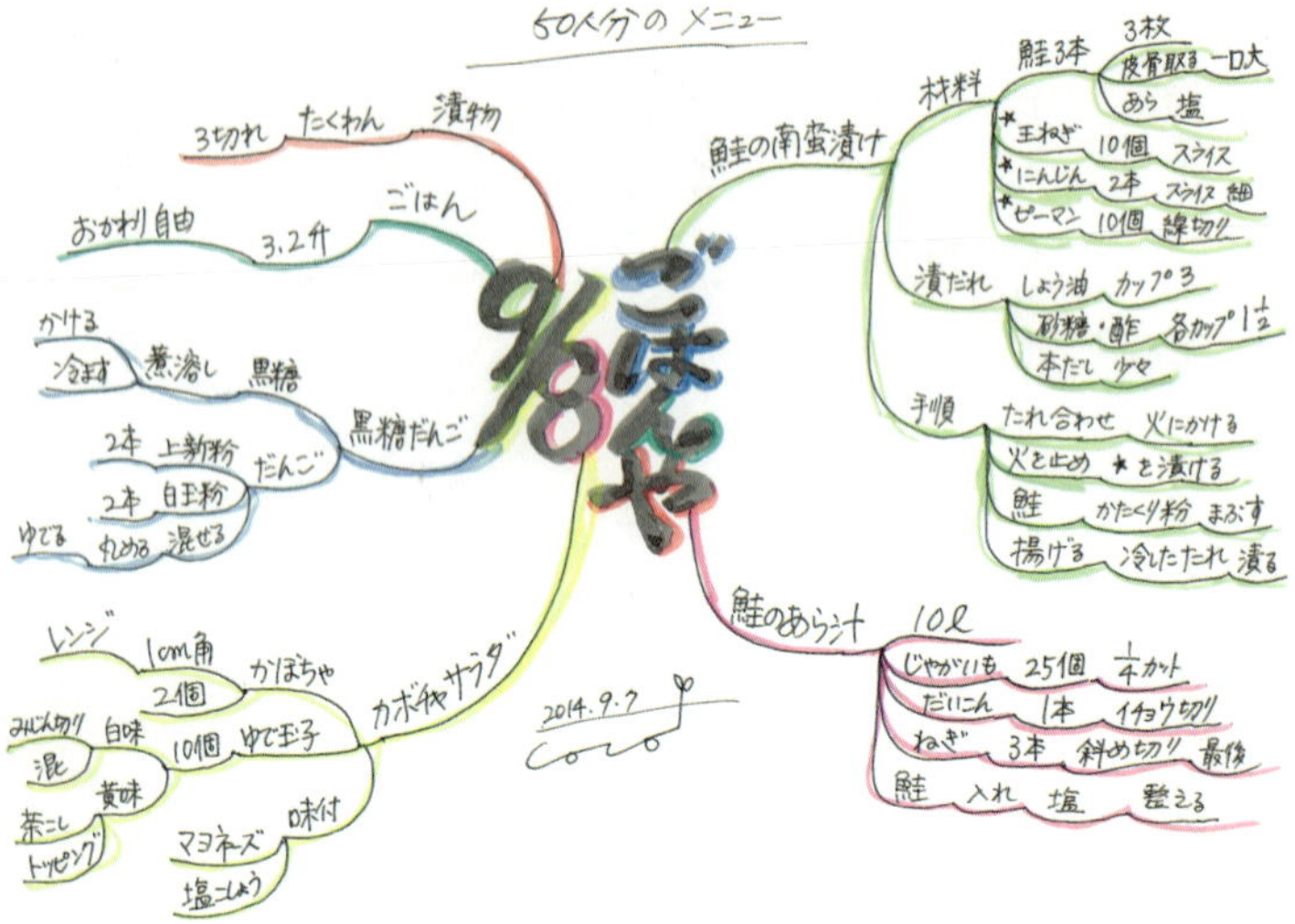
50人分のメニュー
9/8 ごぼんや
鮭の南蛮漬け
材料
鮭3本
3枚
皮骨取る
一口大
あら
塩
★玉ねぎ
10個
スライス
★にんじん
2本
スライス 細
★ピーマン
10個
線切り
漬だれ
しょう油
カップ3
砂糖・酢
各カップ1 1/2
本だし
少々
手順
たれ合わせ
火にかける
火を止め
★を漬ける
鮭
かたくり粉
まぶす
揚げる
冷したたれ
漬る
鮭のあら汁
10ℓ
じゃがいも
25個
1/4カット
だいこん
1本
イチョウ切り
ねぎ
3本
斜め切り
最後
鮭
入れ
塩
整える
漬物
たくわん
3切れ
ごはん
3.2升
おかわり自由
黒糖だんご
黒糖
煮溶し
冷ます
かける
だんご
上新粉
2本
白玉粉
2本
混ぜる
丸める
ゆでる
カボチャサラダ
かぼちゃ
1cm角
レンジ
2個
ゆで玉子
10個
白味
みじん切り
混
黄味
茶こし
トッピング
味付
マヨネーズ
塩こしょう
2014.9.7

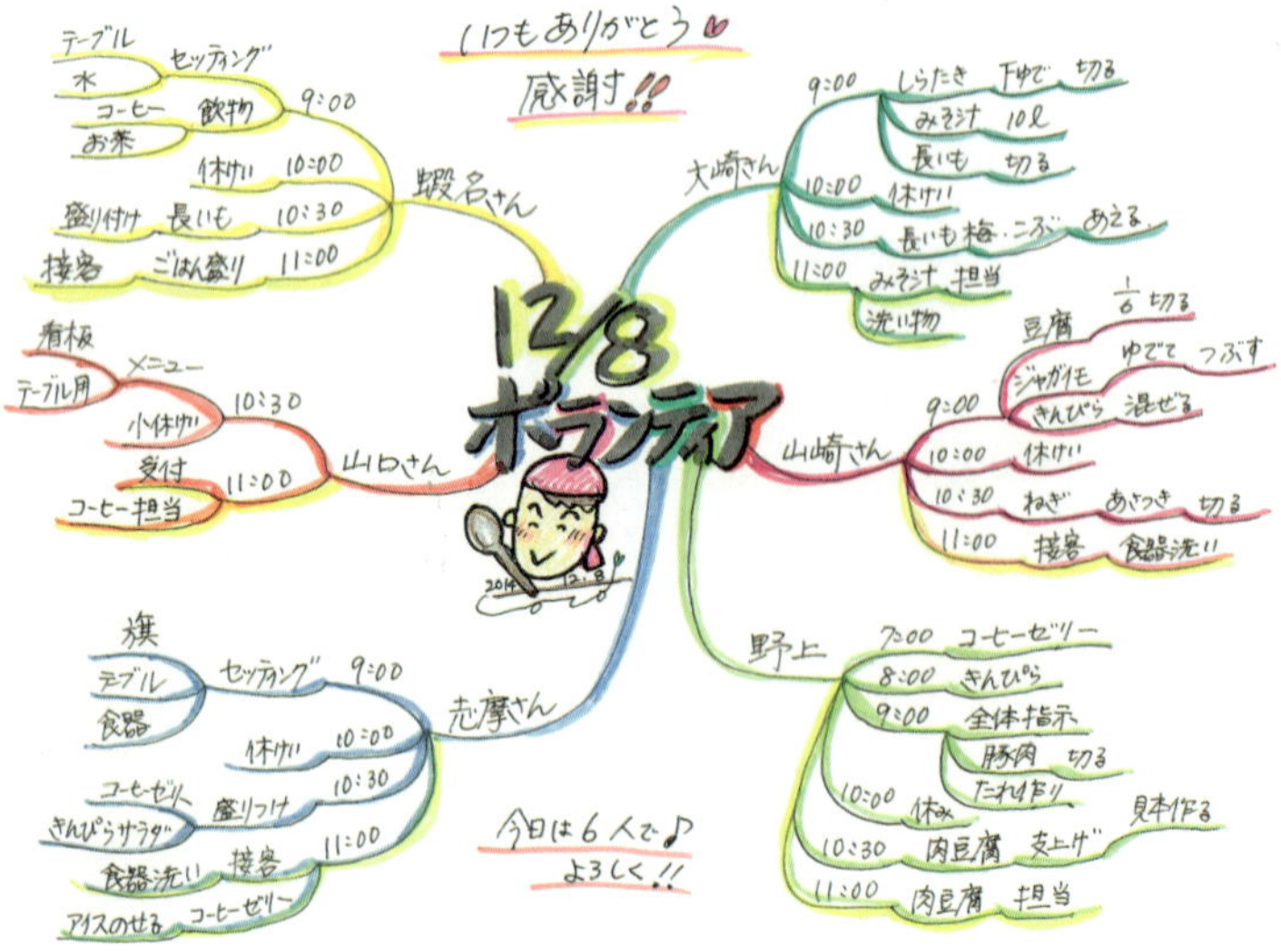
いつもありがとう
感謝!!
12/8 ボランティア
蝦名さん
9:00
セッティング
テーブル
水
飲物
コーヒー
お茶
10:00
休けい
10:30
長いも
盛り付け
11:00
ごはん盛り
接客
山口さん
10:30
メニュー
看板
テーブル用
小休けい
11:00
受付
コーヒー担当
志摩さん
9:00
セッティング
旗
テブル
食器
10:00
休けい
10:30
盛りつけ
コーヒーゼリー
きんぴらサラダ
11:00
接客
食器洗い
コーヒーゼリー
アイスのせる
大崎さん
9:00
しらたき
下ゆで
切る
みそ汁
10ℓ
長いも
切る
10:00
休けい
10:30
長いも 梅・こぶ
あえる
11:00
みそ汁
担当
洗い物
山崎さん
9:00
豆腐
1/6
切る
ジャガイモ
ゆでて
つぶす
きんぴら
混ぜる
10:00
休けい
10:30
ねぎ
あさつき
切る
11:00
接客
食器洗い
野上
7:00
コーヒーゼリー
8:00
きんぴら
9:00
全体指示
豚肉
切る
たれ作り
10:00
休み
10:30
肉豆腐
仕上げ
見本作る
11:00
肉豆腐
担当
今日は6人で♪
よろしく!!
2014 12.8

当日のボランティアさんの動きもマインドマップにします。誰に何をしてもらうのかは、当日の動きを見て指示を出していました。私の中ではイメージができていて、その通りに動いてくれればすべてうまくいくはずです。しかし、それが伝わらないことで、スムーズにいかずに時間が押してしまうことがよくありました。アドリブで指示するということは、私がいない時間は動きが止まるということでした。

そこで、マインドマップで役割分担を描くようにしました。レシピのマインドマップを見ながら、当日のシフトを考えると抜け落ちを防げます。時間も入れているので、自分が何から作業を始めればいいのかもわかり、いちいち聞いたり確認する作業が減りました。

全体の動きや他のメンバーの動きがわかるので、手が空いたら他の手伝いに入ることもスムーズになりました。私自身も自分の作業に集中でき、全体の作業効果がアップしました。スタッフからは、事前準備がしっかりできている印象を持ってもらえるようになりました。

自分にとって難しいことをマインドマップにするだけでなく、ごくごく当たり前にやっていることをマインドマップにすると、この事例のように漏れや抜けがなくなります。

脳というのは、できるだけ負荷をかけないように機能しています。いつもやっていることを、いちいち意識せず行動できるのは、そのためです。これは、自分ひとりで物事を進めるときには効率的でも、誰か他の人と行動を共にするときには、トラブルになることもあります。料理のように、ある程度までなら誰もができることの場合は、特に注意が必要です。

この事例のように家庭料理とは違い、大人数の食事を調理するとなると、やり慣れたことだけれども勝手が違うため、トラブルが起こりやすくなるのです。こういう基本的なことの共有にもマインドマップは適しています。

ただ、注意点があります。それは「まったく何も知らない人に、丁寧に教えるつもりで描くこと」です。できることであるが故に、どうしてもはしょって描いてしまうことがありますし、段取りも丁寧さが欠けてしまうことがあります。小中学生に教えるようなつもりで描いてみると良いかもしれません。

野上さんのマインドマップは、第二階層や第三階層の始まりの部分も、太めにしっかりと描いてあるのが印象的です。特に気持ちに余裕があると、その部分も丁寧に描いているように見受けられます。自分のマインドマップの描き方に特徴がある場合は、この特徴をぜひ活用していきましょう。

たとえば、「慌ただしくて落ち着かない!」という気持ちの時に、意識的に枝を丁寧に描くことで気持ちの落ち着きを取り戻すことができるといった効果があります。自分のマインドマップを振り返ってみて、どんな特徴があるか探してみましょう。

心理学の概念を説明する

成瀬まゆみさん

翻訳家、大学講師、ワークショップリーダー、コーチなど、さまざまな場面で活躍なさっている成瀬さん。マインドマップをレジュメ代わりに使うことで、以前にも増して説明がわかりやすいと言われるようになったそうです。

私が監訳させていただいた本『ポジティブ心理学が1冊でわかる本』（イローナ・ボニウェル著／国書刊行会）の「フローを生きる」の章をマインドマップで表してみました。ポジティブ心理学で、フローというのは大切な概念です。フローとは「時間を忘れて夢中になる体験」のことですが、いろんな要素で構成されています。そのフローを説明するのに、マインドマップを作り、私の開催するポジティブ心理学のセミナーで利用しました。

マインドマップを使ってまとめたことの利点は、以下の2つです。

1　講師である自分自身がコンセプトをまとめるのに役立つ。
2　受講生もおおまかな全体像を把握するのに便利。

このマインドマップを使う前は、文章で書いたものを渡して説明していたのですが、前回も出席してくださった受講生の方から「以前より頭にすっと入ってくる」という感想をいただきました。

マインドマップを使ってみて、まず気づいたことは、カラフルだし、一目で全体像が把握できるので、自分にも他の人にも概念が理解しやすいということです。説明をする際にも、「右上のピンクのブランチを見てください」と言うことができるので、これからどこを説明するかが、受講生の方にも伝わりやすいのです。

このマインドマップを作る際に気をつけた点としては、「フロー」つまり「流れ」がイメージできるようにセントラルイメージを作ったことです。水を連想してもらえるように、色もブルーにしました。

フローは抽象的な概念なので、説明にも抽象的な言葉が多く、絵がそんなに得意でない私は、その点は苦労しましたが、ピンと来たものだけを絵にしました。絵が少ない分、色はカラフルにしようと気を配りました。

自分の考えを整理するのに役立つだけではなく、他の人に複雑なコンセプトを伝える際にも、マインドマップはとても役に立つと感じています。

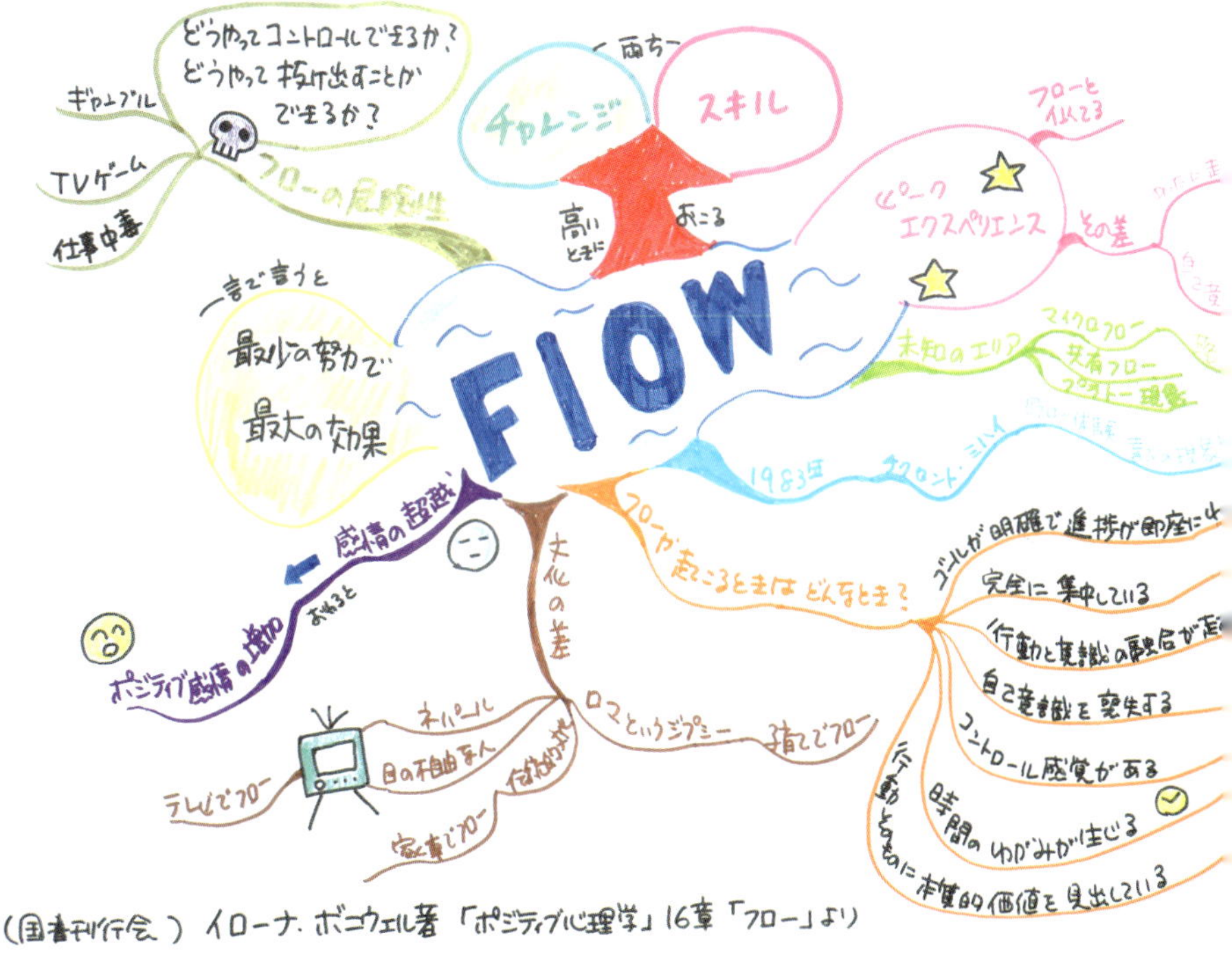
FlOW
チャレンジ
スキル
両方
高いときに
おこる
どうやってコントロールできるか？
どうやって抜け出すことかできるか？
ギャンブル
TVゲーム
仕事中毒
フローの危険性
一言で言うと
最少の努力で
最大の効果
ピーク
エクスペリエンス
その差
フローと似てる
未知のエリア
マイクロフロー
共有フロー
1983年
感情の超越
おこると
ポジティブ感情の増加
文化の差
ネパール
目の不自由な人
テレビでフロー
家事でフロー
ロマという ジプシー
子育てでフロー
フローが起こるときはどんなとき？
完全に集中している
自己意識を喪失する
コントロール感覚がある
時間のゆがみが生じる
行動とともに本質的価値を見出している
（国書刊行会）イローナ・ボニウェル著「ポジティブ心理学」16章「フロー」より

「フロー」あるいは「ゾーン」と言われている状態は、集中しながらもリラックスしている心理状態で、高いパフォーマンスが発揮できると言われています。なかなか自分でコントロールして、フローやゾーンの状態になるのは難しいようですが、マインドマップを描くことがその入り口になる、という方もいます。

紙だけに集中すること、全体を俯瞰しつつ思考を表現しようとすること、そして、その状態を一定期間保つことが、その秘訣かもしれません。そういう点で、個人的にも興味深いマップです。おそらく成瀬さんも、「絵が苦手だからカラフルにしよう」と意識を集中しつつ、「どんなブランチにどの内容をどんな順番で描こうか」と並列的に考えていたときには、フロー状態に近かったのではないでしょうか。

商店街の活性化計画策定

伊藤圭さん

老舗の呉服店を営む伊藤さんは、商店街のリーダー的存在です。マインドマップを取り入れて、商店街の活性化に取り組んでいます。

愛知県・豊田市駅前にある「ひまわり通り商店街」にて、活性化計画を策定し、豊田市に提出しました。策定にあたっては、10回程度の会議を行いました。会議の特徴としては、懸案事項が多岐にわたること、参加者の年齢層の幅が非常に広いことなどがあげられます。同じ商店街で、いつも顔を合わせているメンバーなので、気楽に次々と意見が出ます。それに伴い、話題がぽんぽんと切り替わり、どこにフォーカスが向いていたのかわからなくなることもしばしば。そこで、マインドマップを使い、まずはBOIを明確にするところからはじめました。そして、その後の話し合いでは、模造紙にマインドマップを書きながら進めました。

その結果、高齢者から中年層までそれぞれの参加者の視点から、いろいろなアイデアを引き出すことができました。また、いつでも全体を見渡すことができるため、途中で話題

議記録

2回　商店街３カ年活性化計画話し合いのマインドマップ

平成２２年１２月２０日）

店街３カ年活性化計画　2011年～2013年

費者動向の変化が一気に加速されたのではないか？
新しく求められている要求にいち早く対応
長く続いている場所を参考に、専門店の魅力を
新規の顧客も少しずつ増やす
隣の店の情報をお互いに知る工夫
偶然・意外の魅力

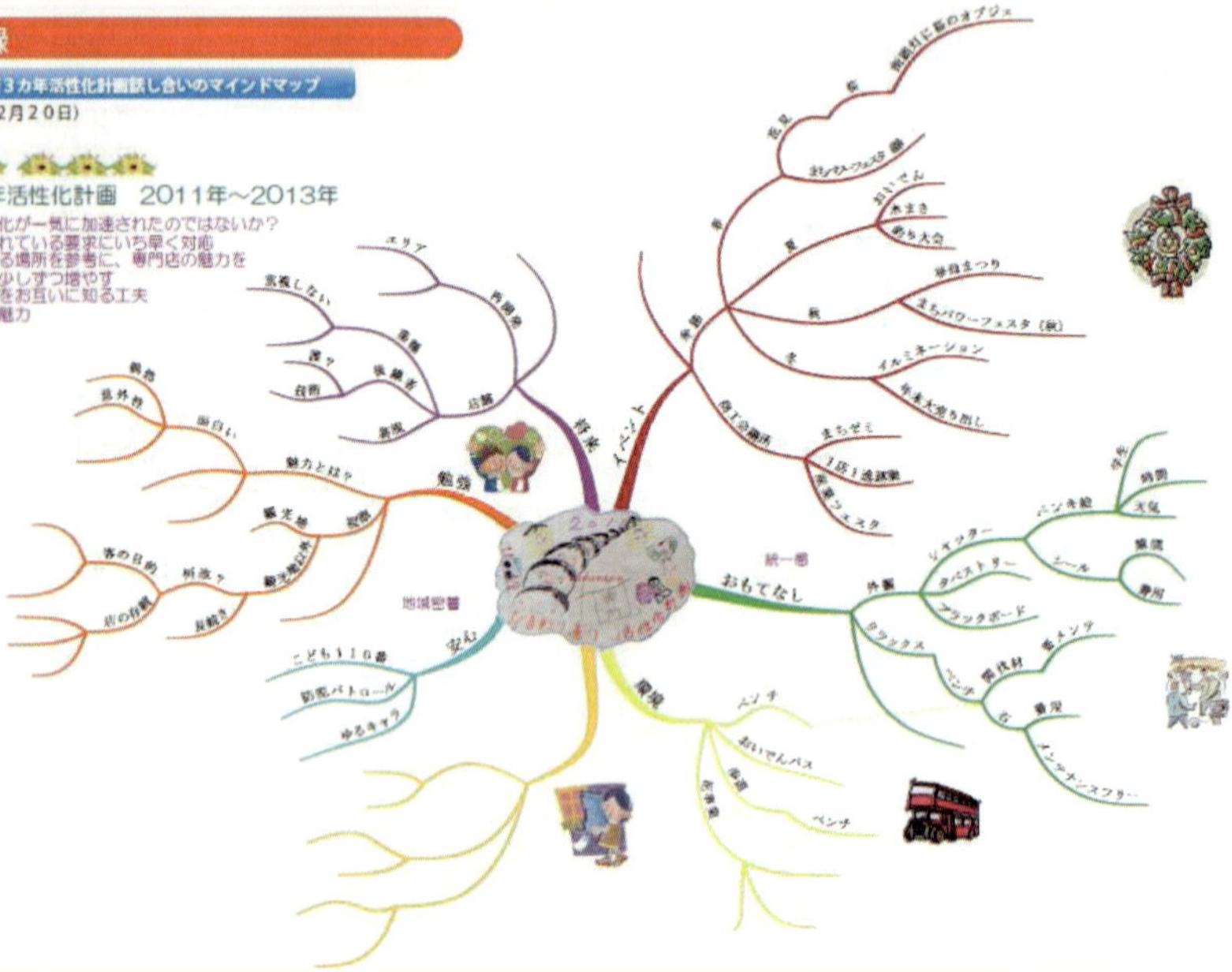

が変わっても、スムーズに会議を進めることができました。ここに提供したのは、できあがった活性化計画の協議記録のページに掲載したマインドマップです。マインドマップをベースにまとめられた資料は、おかげさまで市役所から高い評価をいただきました。

マインドマップは一人で描くだけでなく、複数人数で描いても効果を実感できます。事例にあるように意見がたくさん出て収拾がつかなくなるようなときには、ブランチを描くということがカテゴリー分けにもつながります。

カテゴリーに分類することで、発言者の意図の確認もしやすくなります。今回のような事例だと、具体的なイベントの内容として発言したのか、将来的な理想像としての発言なのか、活動内容を重視しているのか、それ以外の意図があるのかなどの詳細を確認しながら描けますし、何より感情的な意見のぶつかり合いが起こらなくなります。

大人だけでなく子どものうちからグループマインドマップを利用して話し合いをする経験をすると、相手を尊重するコミュニケーションが身につくかもしれませんね。

学会発表のポスターに活用

浅田義和さん

自治医科大学の助教として学内だけでなく学外での活動も精力的に行われている浅田さん。国内外での学会に参加し、発表されています。多くのポスターが掲示されている中でいかに足を止めてもらうか、わかりやすく伝えるか、出会った人とコミュニケーションを深めるためにどうするのかを、マインドマップで実現している事例です。

このマインドマップは、学会発表をポスター形式で行う際、その概要を示すものとして作成したものです。一般的に学会では、パワーポイントなどのスライドを利用した口頭発表形式のほか、模造紙サイズ（あるいはそれ以上）の大きさのボードにポスターを掲示し、その前でディスカッションを行うポスター形式があります。

ポスター形式では、ポスターの前で概要を簡単にプレゼンし、その内容に興味を持ってもらえた人とさらに深くディスカッションをすることになりますが、そのためにはまず「ポスターの前で立ち止まってもらう」必要があります。基本的にポスターのデザインは必要な情報さえ入っていれば自由なので、図表を多く取り入れたりすることで見栄えを工

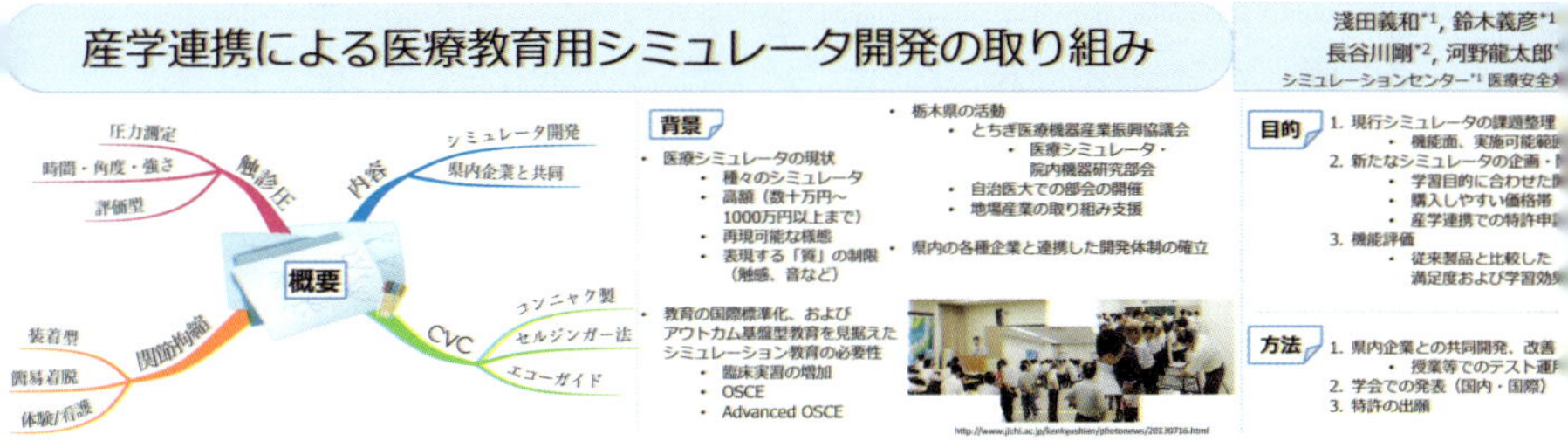

産学連携による医療教育用シミュレータ開発の取り組み
浅田義和*1, 鈴木義彦*1
長谷川剛*2, 河野龍太郎
シミュレーションセンター*1 医療安全
概要
触診圧
圧力測定
時間・角度・強さ
評価型
内容
シミュレータ開発
県内企業と共同
関節拘縮
装着型
簡易着脱
体験/看護
CVC
コンニャク製
セルジンガー法
エコーガイド
背景
・医療シミュレータの現状
・種々のシミュレータ
・高額（数十万円〜1000万円以上まで）
・再現可能な機能
・表現する「質」の制限（触感、音など）
・教育の国際標準化、およびアウトカム基盤型教育を見据えたシミュレーション教育の必要性
・臨床実習の増加
・OSCE
・Advanced OSCE
・栃木県の活動
・とちぎ医療機器産業振興協議会
・医療シミュレータ・院内機器研究部会
・自治医大での部会の開催
・地場産業の取り組み支援
・県内の各種企業と連携した開発体制の確立
http://www.jichi.ac.jp/kenkyushien/photonews/20130716.html
目的
1. 現行シミュレータの課題整理
・機能面、実施可能範
2. 新たなシミュレータの企画・
・学習目的に合わせた
・購入しやすい価格帯
・産学連携での特許申
3. 機能評価
・従来製品と比較した満足度および学習効
方法
1. 県内企業との共同開発、改善
・授業等でのテスト運
2. 学会での発表（国内・国際）
3. 特許の出願

World Café形式のディスカ
概要
目的
方法

夫している方も見受けられます。

私は、ここでマインドマップを利用しています。全体を簡単にまとめたマインドマップを一番目立つ部分（だいたいは冒頭に置いておきます）に載せておくことで、人目を引くことができるようになります。いわば客寄せパンダみたいな使い方です。

ただ、もちろん利用としてはこれだけではありません。無事にポスターの前で立ち止まってもらえたところで、次の課題は「ポスターの内容を簡単に紹介して、興味を持ってもらうこと（そして、もっと内容を聞きたいと思ってもらうこと）」です。

この際にもマインドマップを載せておくことが有効です。マインドマップに沿って、メインブランチとサブブランチについてザッと説明することで、「今回の研究は◯◯についてのものです」とひと言でまとめることが簡単にできるようになるからです。

また、スライド形式と違って目の前に紙があるので、場合によっては直接そこに書き込んだり、ポストイットなどを使ってメモを残したりすることもできます。そのために、全体的に緩いレイアウトにしてブランチを1階層ほど伸ばせるような余裕を残しています。「見やすい」ことに加えて、その場でディスカッションをしながら書き加えたりすることができるからです。

このような学会ポスターの概要マインドマップを作成するときは、その目的が「全体を一目で俯瞰する目次的な役割」なので、できる限り簡潔な形にしています。具体的にはメインブランチを3〜4本程度、サブブランチもそれぞれのメインブランチから同程度を伸ばすくらいです。

このマインドマップだけでも話し続けることはできますし、反対にブランチを増やしすぎてしまうと見づらく、分かりづらくなってしまうということもあります。実際、最初にこのやり方にチャレンジしたときは、3〜4階層程度までブランチを伸ばしていたのですが、フォントが小さくなり見づらく、全体的なバランスも悪くなってしまったため、現在ではこのマインドマップのように比較的少なめのブランチで落ち着くようになりました。

伝えたい情報がたくさんあるけれども、それを一度に伝えることはできないし、そんなことをしたら、かえって興味がそがれてしまう……というときに、マインドマップで一覧できるようになっているというのは強みです。相手が興味のある分野が、その中に書かれていれば、それがきっかけをつくってくれるからです。淺田さんの学会ポスターは、まさにそんな事例です。

研修会での講義資料として

小嶋智美さん

司書としての仕事をしながら教壇にも立つ小嶋さんは、マインドマップの魅力を「全体俯瞰だ」と言い切ります。司書のお仕事も、利用者にとってのわかりやすさにこだわり、裏方としてサポートする姿勢に徹しています。図書館などの情報サービスだけでなく、自分や生徒さんの脳内データベースの見える化としてのマインドマップの活用例です。

このマインドマップは、海外の医学論文を検索する際に用いる代表的なデータベース「ＰｕｂＭｅｄ」の基本操作を教える研修会で用いた講義資料です。このときは、比較的経験の浅い方を対象にした研修会だったので、セントラルイメージには、ＰｕｂＭｅｄのロゴと初心者マークが描かれています。

実際の講義にはスライドを用い、メインブランチに付した数字の順に進行しました。

マインドマップは、講師である私が事前に講義の流れを整理・俯瞰するために作成したのですが、受講者の事後学習に役立てていただこうと、講義終了後に希望者全員に配付しました。

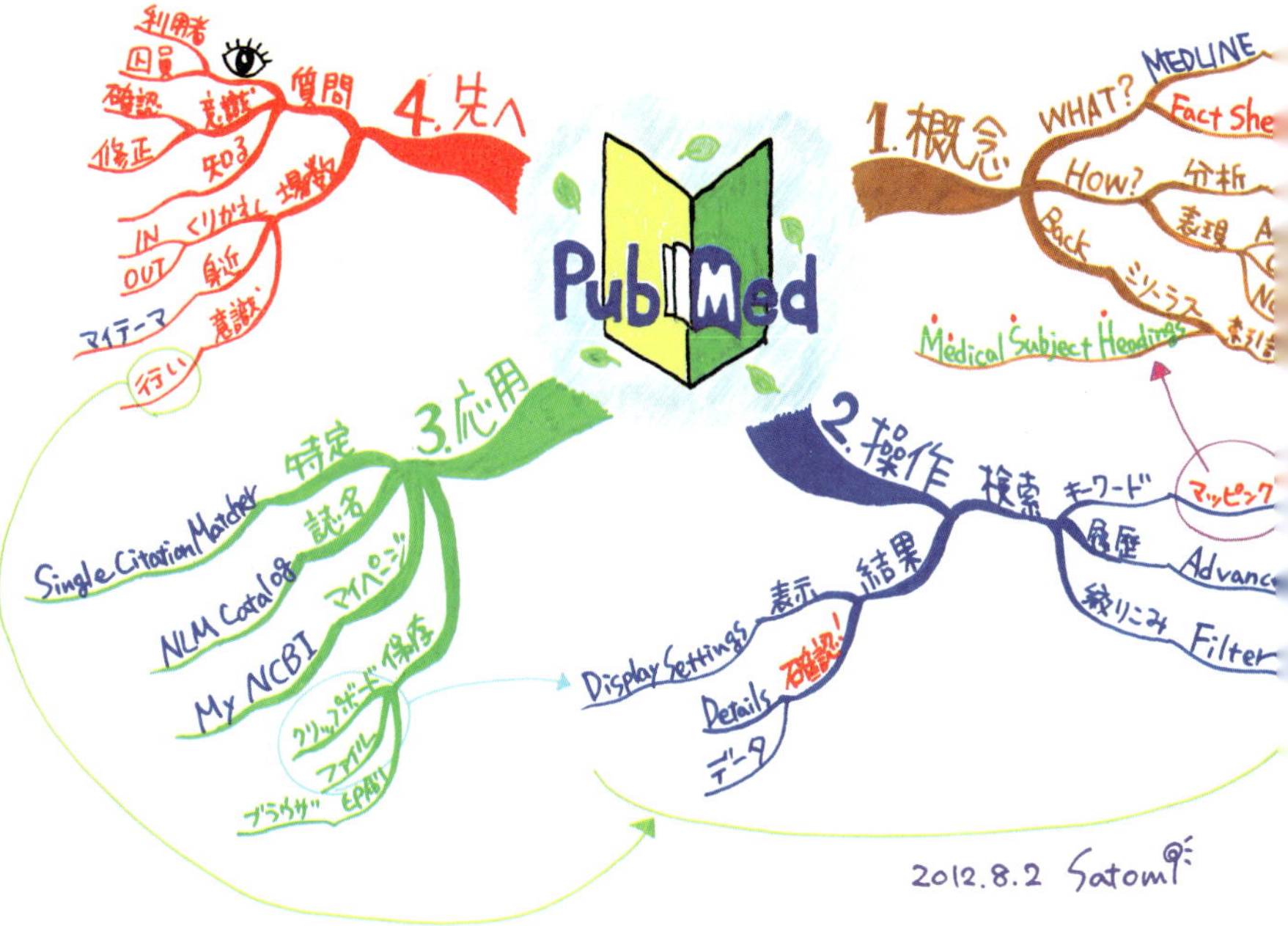
PubMed
1.概念
WHAT?
MEDLINE
How?
分析
表現
Back
シソーラス
Medical Subject Headings
2.操作
検索
キーワード
マッピング
履歴
絞りこみ
Filter
結果
表示
Display Settings
確認!
Details
データ
3.応用
特定
Single Citation Matcher
誌名
NLM Catalog
マイページ
My NCBI
保存
クリップボード
ファイル
印刷
ブラウザ
4.先へ
質問
利用者
意識
確認
修正
知る
場数
くりかえし
IN
OUT
身近
マイテーマ
意識
行い
2012.8.2 Satomi

この講義のために作成したマインドマップはこの一枚だけではなく、ミニマインドマップを使ったセルフ・ブレインストーミングからはじまり、構成や伝えたいことを整理しながら何枚も描き重ねてブラッシュアップを行いました。最終形となったこのマインドマップにはトリガーワードのみが残りましたから、当日は要点を漏らすことなく、かつ受講者の進度などを見ながら臨機応変に進めることができました。

受講者にとっても学習内容の全体を把握し、トリガーワード、つまり講義のポイントとして効率的に事後学習をすることができるツールになったのではないかと思います。

専門的な内容でも、マインドマップになっていると手順全体を俯瞰することができ、理解しやすいという実例になっています。もちろん、もっと専門用語を羅列して難しく描くこともできますが、「そもそも何のためにマインドマップを描くのか？」という目的を明確にしてから始めると、目的にかなったマインドマップを描くことができます。

枝と単語を同じ色で描く人が多いのですが、このように意図的に違う色を使うと、キーワードを目立たせることができます。使う人に意識を向けてもらうこともできますので、説明するためのマインドマップの描き方としては効果的だと思います。

音楽スタジオでの収録用マップ

田中尚樹さん＆中堀哲也さん

この活用例は、83ページにも登場した田中さんが利用されている「鳴音スタジオ」でのものです。映像番組の収録にマインドマップを活用なさっているということで、実際どのようにお使いになっているのか、教えていただきました。

私は、音楽・映像スタジオのスタッフとして、映像番組の収録時にマインドマップを活用しています。スタジオからの情報発信をするためのユーチューブ動画を週1回、制作するのですが、ある程度決められた時間枠で、正しく、わかりやすい番組を作るため、映像収録を次のように進めています。

・番組内容の検討
マインドマップを使って番組の構成を組み立てます。メインブランチとなるのは、だいたい番組コーナーごとになりますが、あまりこだわりなく作成していきます。イベント情報などの日時や場所などは、間違ったり伝え忘れがあっては大変なので、マインドマップ

告知
メモ
ゆっくり
大きな声
syota
ゲスト
ふり
最後
ありがとうございました
2つ目
イベント
11/9(日)
11:00 オープン
11:30 スタート
新潟 トーラス
バンド仲間
ステージに出てみない
bori さん
syota
2つ
1つ目
Wish
ボーカルスクール
10/25(土)
12時台
小ホール
見どころ
bori
syota
以外にも

へ確実に描いておきます。仕上げは、特に大事な部分などに印をつけるなど強調して出来上がりです。

・収録

出来上がったマインドマップを、ビデオカメラのすぐ横に設置して、参考にしながら収録リハーサルをします。リハーサルを重ねるうちに内容変更をしていきます。変更はマインドマップへ描き込んでいきます。

変更点を描き込んだマインドマップを使って、本番収録をします。マインドマップは、番組の全体像を意識しながら、細かい話も漏れなくできるところが気に入っています。また、関連のある部分を線で結んでおいたり、補足事項を描き込んでおくことにより、アドリブや時間調整のための話題提供などへの対応がしやすく、重宝しています。

まさに「マインドマップを育てていく」、あるいは「深めていく」といった活用方法です。箇条書きのものに修正や変更を加えて追記していくと、ぐちゃぐちゃになって、わけのわからないメモだけが残ります。マインドマップなら、追記は空きスペースに、関連のあるものは矢印でつないだり丸で囲んだり色分けしたり。作業が楽なだけでなく、全体を俯瞰できるので、プレゼンや講演にも応用可能な使い方です。

5

みんなの「ふだん使いのマインドマップ」【上級編】

ここまで描けたら、あなたもインストラクター?

メモを使うことで、用紙の限界にしばられない

横山信弘さん

10万部を超えるベストセラー「絶対達成」シリーズの著者で、ヤフーニュースや日経ビジネスオンラインでもコラムを執筆されている横山信弘さんも、マインドマップを活用されています。

横山さんは「ロディア」のメモ帳の愛用者でもあるので、無地ではなく方眼メモでのマインドマップです。A7サイズのメモ用紙を複数枚組み合わせたパズルのようなマインドマップは、実践者ゆえの視点だと感心してしまいました。

私は年間100回以上、講演やセミナーの講師をしています。しかし本業は現場に入って、企業の目標を絶対達成させるコンサルタントです。限られた時間でクライアントの問題を把握し、正しい手順で解決していく必要があります。そのためには、常に立ち止まって頭を整理する習慣と技術を身につけなければなりません。

マインドマップは、一見複雑に入り組んだ事象を整理するツールとして、とても便利です。私はいつもマインドマップを描くとき、「ロディア　No．11」というフランス製の

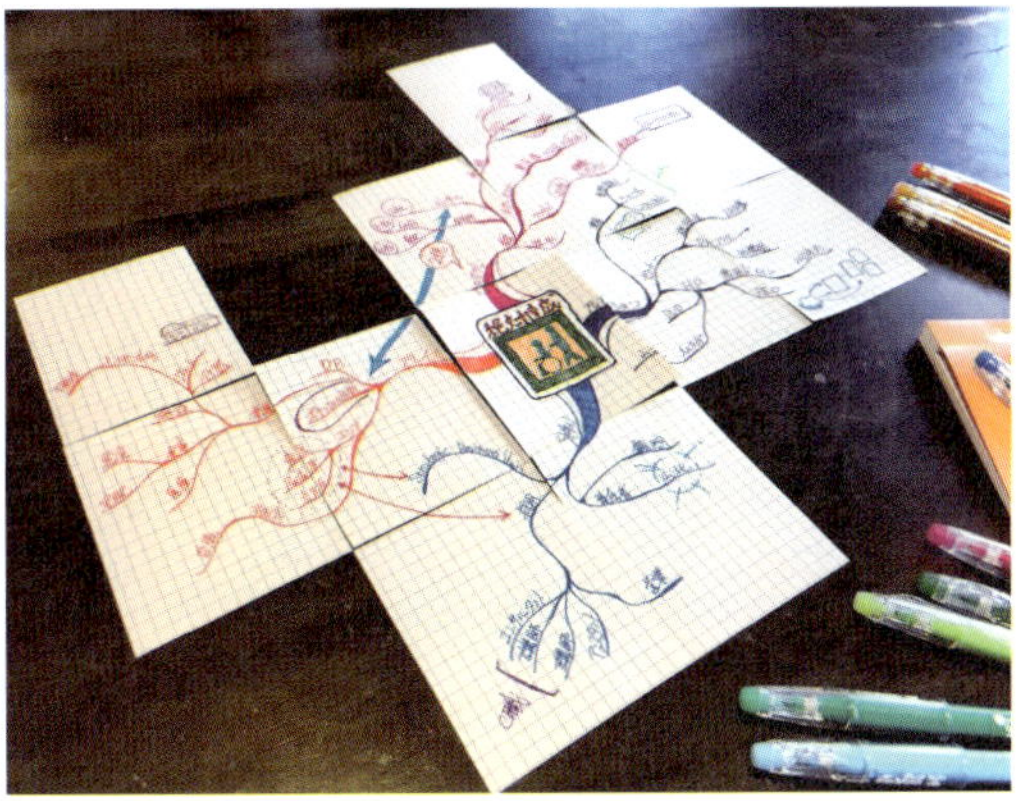

ブロックメモを使います。Ａ７サイズですので、メモ１枚にマインドマップを描くのは現実的ではありません。したがって写真のように、複数のメモを繫ぎ合わせて描きます。

ブロックメモを使うメリットは４つあると私は考えます。

・大上段に構えることなくスタートできる
・小さくはじめられるが、大きく広げることもできる
・普段使いのメモ帳が利用できる
・携帯に優れる

何と言っても、「大上段に構えなくても始められる」というのは大きなメリットです。最初からしっかりとしたマインドマップを描こうとスケッチブックを広げても、その大きさに圧倒され、「もう少しまとまった時間にやるか」と思ってしまうもの。小さく始めて小さく終わってもよいし、大きく終わってもかまいません。

描いているうちにアイデアが広がり、用紙の限界を気にすることなく、アイデアの分だけいくらでもマインドマップを広げていけます。発想を広げたいと思ったら、単純にメモを足していけばいいだけだからです。パソコンのアプリでも可能ですが、全体を俯瞰しづらいため、私は手描きをお勧めします。

マインドマップでアイデアを発散させたら、それぞれ具体的な行動計画に落とし込みます。「大プロジェクト」に対して「中プロジェクト」をロディア1枚に書き、スケジュール計画もメモして、並べていきます。計画の見直しがあれば、そこだけ書き直したり、順番を入れ替えたり、捨てたり、ということが自由にできます。

各種「プロジェクト」から、さらにタスクを抽出し、必要と思われる作業時間を記述し、タスク管理も行っていきます。

通常のメモも、タスク管理も、私はロディアのブロックメモを使っています。マインドマップ用のノートを別に持ち歩いてはいません。「ふだん使いのメモ」で「ふだん使いのマインドマップ」を描くことができるのです。おかげで、電車の中や誰かを待っている間でも、サッと取り出し、「セントラルイメージ」と「メインブランチ」くらいは簡単に描き出すことができます。いつでもどこでも、すぐに描き始めることができます。スマートフォンと同じような大きさですので、暇つぶしにスマホを眺めるような感覚で、ブロックメモで頭を整理することができます。

ビジネスでお客様と情報共有するときなどに使う場合は、モノトーンにし、イラストも控えめにする等の工夫もします。

携帯するときは、「モレスキン」のメモポケットに入れています。セントラルイメージが描かれたメモを一番上にして収納すると、探すときにラクです。

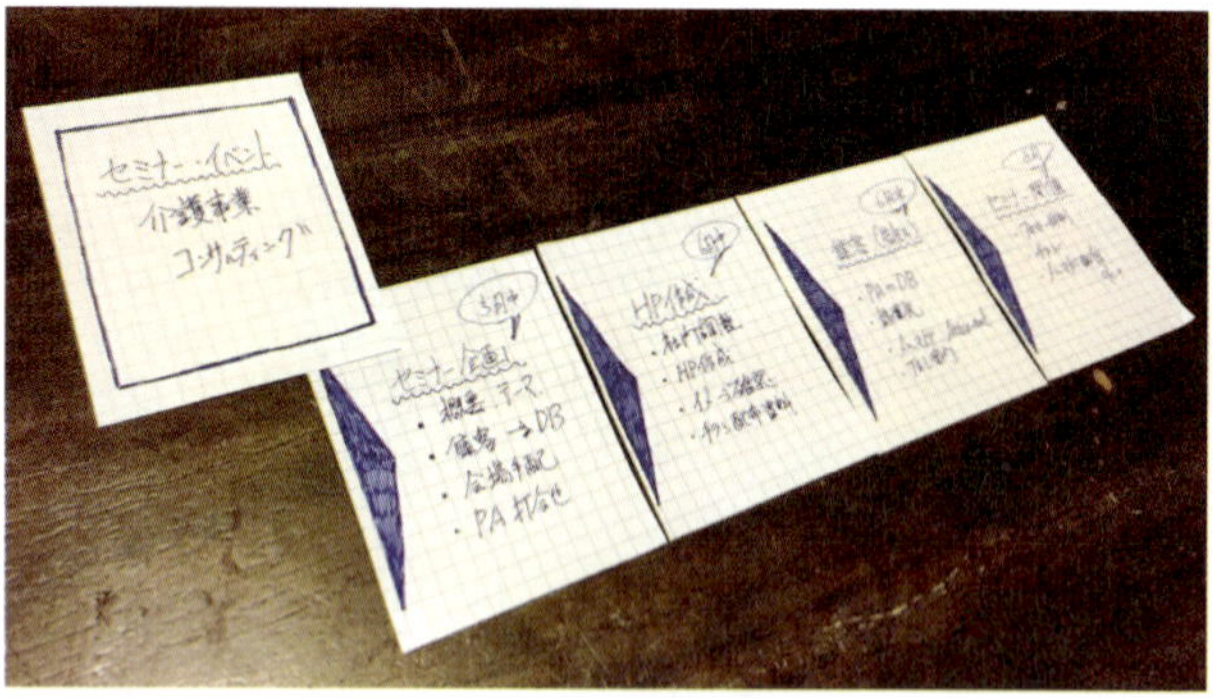
セミナー・イベント
介護事業
コンサルティング
セミナー企画
概要 テーマ
集客 →DB
会場手配
PA 打合せ
HP作成

Cloud
Price

最後に、小さくはじめて小さく終わったマインドマップも紹介します。毎日のＴｏＤｏリストなどは、５～６枚のブロックメモで事足ります。ぜひ一度、試してみてください。

ビジネスの世界ではカラフルなマインドマップが敬遠されるという話も耳にしますが、それだけではなく、曲線的なブランチのマインドマップが論理的ではない印象を与えることもあるようです。横山さんのように方眼メモと直線的なマインドマップで話を進めていき、必要に応じてメモ用紙を足していくという方法であれば、ビジネスパーソンにも受け入れやすく、抵抗感を持つ人は少ないかもしれませんね。

メモ用紙を組み合わせてマインドマップを完成させていくので、自分の思考を用紙のサイズに合わせることなく展開させられる点が大きなメリットです。マインドマップ上級者ならではのやり方だと思います。「今日はメモ用紙を何枚使って、思考を広げられるだろうか？」と筋トレ気分で取り組むと楽しくなりそうです。

中途入社から1年でマネージャーに昇進

壁山恵美子さん

現在はIT活用コンサルタントとして起業されていますが、29歳までフリーランスで働いていたという壁山さん。会社に就職して数カ月のうちに昇格していった秘訣がマインドマップだったようです。ふだんの業務だけでなく、講義の速記、夢日記をマインドマップで記録することで潜在意識を顕在化するなど、あらゆる場面でマインドマップを積極的に活用されています。

【マインドマップで得た成果】

・所属部署の業務全体を把握できた
・業務を俯瞰することで、問題を整理し、課題として把握することができた
・課題に優先順位をつけ、無駄な業務や改善すべき業務が明確になり、緊急度の高いもの、かつ優先順位の高い業務に対応できた
・個人的には、業務の優先順位をつけ迅速に対応することができたため、各プロジェクトでリーダーシップを発揮できた
・その成果がみとめられ、一般社員から管理職に抜擢された

私が以前勤めていた会社では当時、緊急に対策を検討しなければならない多くの課題を抱えていました。さまざまなプロジェクトが並行して進んでいるうえ、私自身は中途入社したばかりということもあり、業務全体を把握できずに一人では解決できない状況に悩んでいました。

その時に、偶然に先輩から入手した海外のマインドマップ作成ソフトウェアを使ってみたところ、広い業務範囲があっという間に整理できて、複雑に絡みあっていると思っていた業務の関係性を簡単に理解することができたのです。つまり、業務の全体像が「俯瞰（鳥瞰）」できたのです！

調べていくうちに、手描きが本来の描き方であることを知りました。そこで、開講されていた「マインドマップ基礎講座」を修了し、正しい手描きの書き方を覚えて、マインドマップをとにかく使ってみることにしたのです。

当時は、何かを発想する時に使用するというよりは、資料をまとめる・外部のカンファレンスの内容をその場で理解するために、マインドマップを使いました。狭い会議室では、カラーペンをずらっと机に広げるわけにはいかないため、会社では「多色ボールペン」がマストアイテムとなりました。

カンファレンスに出席した場合は、社内に戻って報告書を提出する必要があります。そ

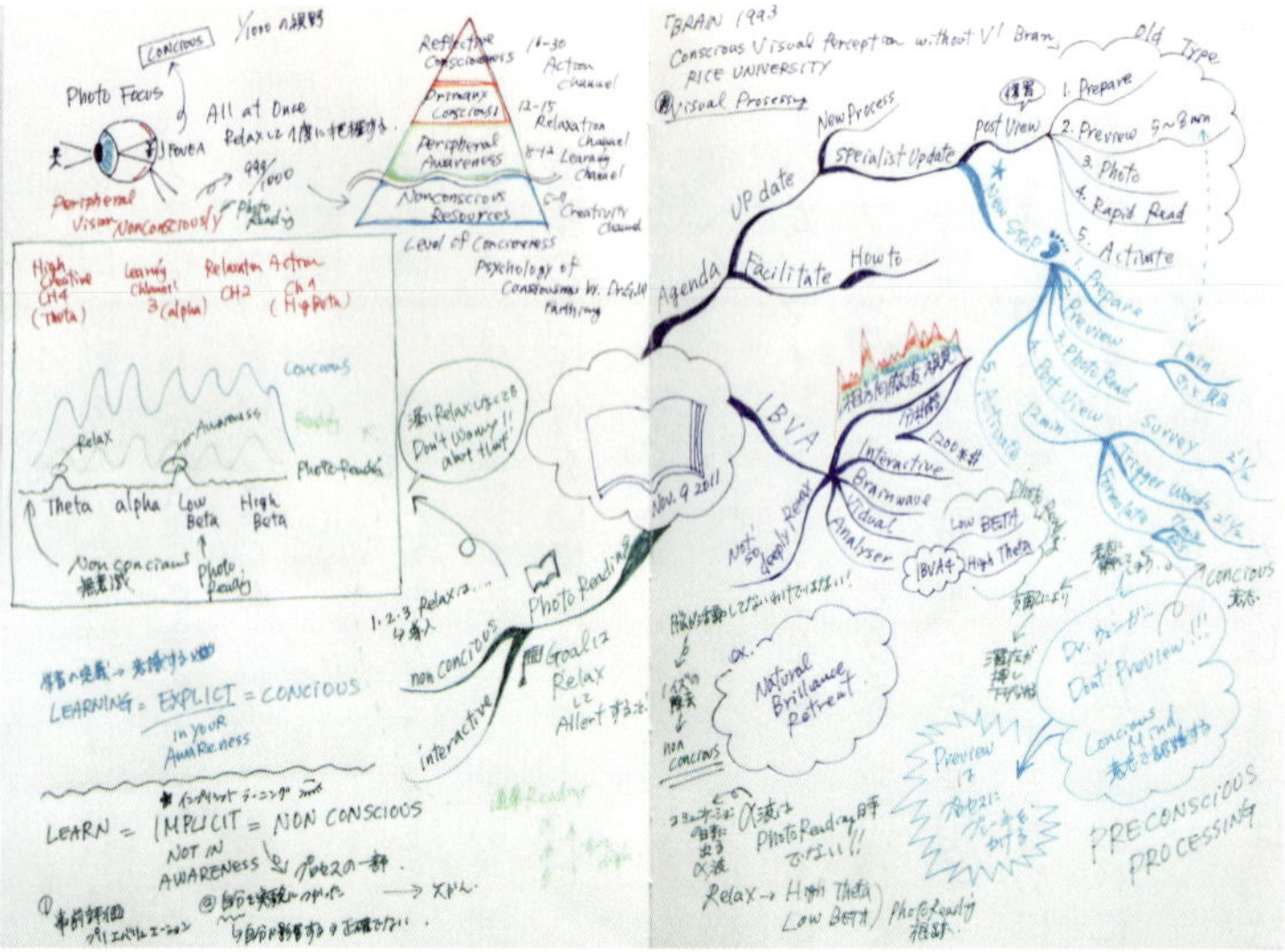

©Emiko Kabeyama

ホスピタリティ・ロジック®　©Emiko Kabeyama

のような状況で気をつけていたことは、「後からの時間短縮」です。スピーカー（講師）の話を聞きながら、報告書の順番を想定しつつ、マインドマップを作成していくようにしていました。

また、講師の話のスピードが速い場合は、話の内容を順番に黒一色で速記し、重要もしくは報告書に必要と思われるキーワードに印をつけていきました。

発想するときに描くマインドマップの場合は、「有言実行」ならぬ、「表現実現・表現実行」になると考えています。描いて、それを眺めることで、頭の中にインプットされ、だんだんと実現につながっていきます。

マインドマップを使って思考するようになり、記憶が速く、そして深くなったので、「いつ・どこで・だれが・どうした」「何がどうなった」といった事柄を鮮明に憶えていられるようになりました。また、思い起こすスピードも速くなったと思います。そのため、マインドマップを描くようになって仕事が早くなりました。

また、「俯瞰する」ことを習慣づけることができたため、１つの事象に対しての対応策や、緊急時の突発的な選択肢とその判断がスピーディーに行えるようになったと思います。そのため、突発的なことにも慌てずに、全体の状況を瞬時に把握して判断できるようになりました。

マインドマップを使うことで、自分の職務や業務の範囲だけで考えていたことが、マネージャーとして経営者層の考えていることまで、俯瞰して（一歩引いて）考えをめぐらすことができるようになりました。「仕事ができる人」へ変化したと感じています。将来を予測したり、相手の立場になって考えたりすることができるので、現在の自分のポジションだけではない、さまざまな立場での意見やアイデアを出すことができるようになります。

現在は独立して仕事をしていますが、自分自身がすべきことや、本格的に取り組みたかったことなど、次から次へとチャレンジできるようになったことは、マインドマップがもたらしてくれた大きな成果だと思います。

1つのことに対して、10のことが見えてくる。つまり、やみくもに歩むのではなく、まず俯瞰して、先をある程度まで予測しながらであれば、恐怖心を取り除くことができます。自分の進むべき道に対して、順序良く取り組んでいけるので、新たなチャレンジができているのだと思います。


壁山さんは時間管理や効率化、そして気遣いの達人で、1人で3人分の仕事をしているような女性なのですが、そのパフォーマンスを支えているのはマインドマップだったようです。IT関係の仕事を本業としながらも、舞台プロデューサーであったり、ベビーマッサージでの社会貢献活動をしたりと活動は多岐にわたっています。マインドマップが、切り替えの秘訣になっているのかもしれません。

不安の「外部化」をはかる

相馬一進さん

起業に特化した集客支援コンサルタントとして活動されている相馬さんは、ご自分のビジョンから長期計画、中期、短期、年間、月間、週間、そして日々のＴｏＤｏまでの落とし込みをマインドマップで行っています。そのために、手描きではなくソフトウェアをメインに使っていらっしゃいますが、目の前のことに対応するだけでなく、未来の自分のためのマインドマップという長期的な視点での活用方法を実践しています。

私はノートをとる、アイデアをまとめるといった普通のマインドマップの使い方以外にも、日々の計画を立てるために使用しています。

それが「不安マップ」です。私が1カ月に数回行っていることで、頭の中にある不安なことを全部マインドマップに書き出し、「不安の外部化」をしているのです。

また、あまり不安を感じていなかったとしても、非生産的なことをして仕事を先延ばししてしまうときも必ず、この不安マップを書いています。

非生産的というのは、たとえば、アルコールやタバコ、テレビ、インターネット、ゲームなどです。また、読書や人付き合い、勉強といった生産的な行為であっても、仕事を先延ばししていた場合にはやはり不安マップを描くように心がけています。これらの行動をしている時というのは、自覚していなくても、案外不安を感じていることが多いからです。

不安マップに書き出してみると、それだけで頭の中がすっきりしてパフォーマンスが一気にあがるのです。人間の脳は、不安なことが複数あると極端にパフォーマンスが下がります。クリエイティブなことができなくなりますし、やる気もなくなります。

この不安マップ、描くのはほんの20～30分ですが、効果は絶大です。

ここでは仕事の不安だけを描きましたが、もちろんプライベートのことも描いています。ほんの少しでも不安であれば、それらをすべて描き出して、不安の外部化を行います。

ポイントは、最後に、それぞれのタスクの不安度を10点満点で評価することです。0点が不安なし、10点が不安が強すぎて行動できない状態で、合計11段階です。それぞれのブランチの末端に書かれている数字がそれです。

不安度をすべて書き出し終わった後、不安マップを見てみると面白いことに気がつきます。仕事を先延ばしにしていたり、やる気が上がらなかったりするときは、たいてい5点以上のタスクが2つ以上あるのです。その場合、5点以上のタスクは人に委任・依頼したり、タスクそのものをやめてしまったりします。

不安なことを抱えた状態で行動するとパフォーマンスが低くなってしまうので、そうい

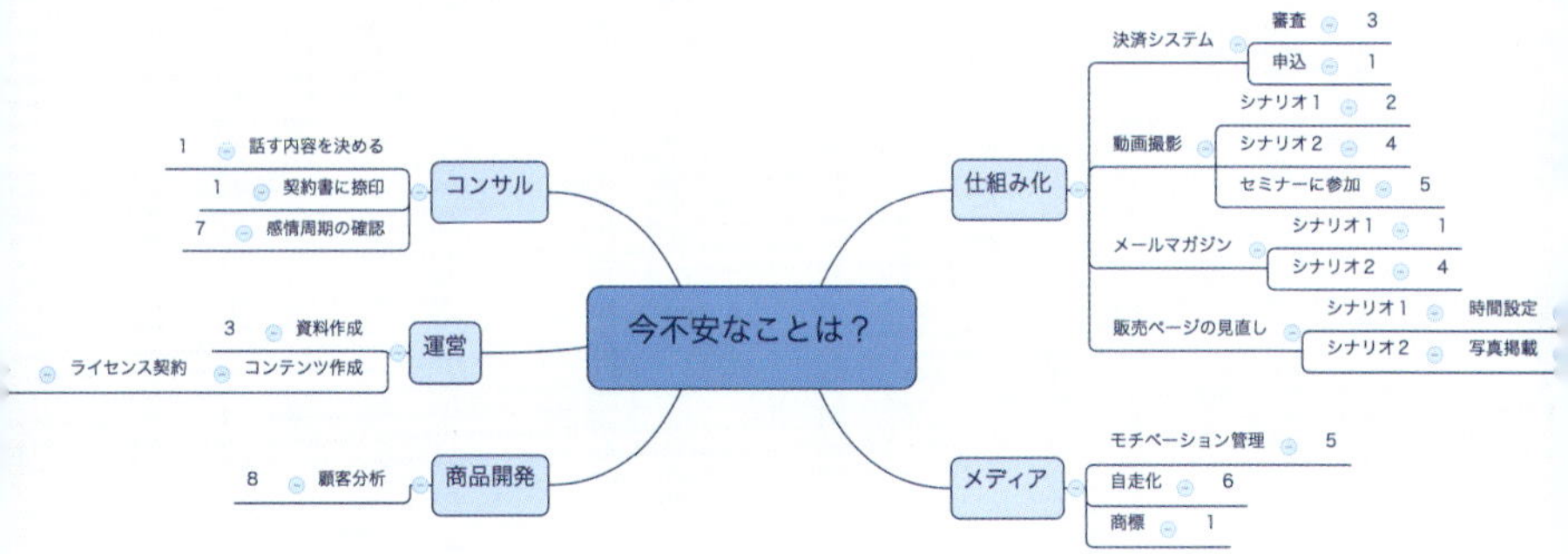
今不安なことは？
コンサル
1 話す内容を決める
1 契約書に捺印
7 感情周期の確認
運営
3 資料作成
コンテンツ作成
ライセンス契約
商品開発
8 顧客分析
仕組み化
決済システム
審査 3
申込 1
動画撮影
シナリオ1 2
シナリオ2 4
セミナーに参加 5
メールマガジン
シナリオ1 1
シナリオ2 4
販売ページの見直し
シナリオ1 時間設定
シナリオ2 写真掲載
メディア
モチベーション管理 5
自走化 6
商標 1

ったタスクを自分で抱えておかないようにするのです。

また、5点以上になっている時点で、リソース（時間やお金、ノウハウ、人脈などのこと）不足である可能性が高いので、十分なリソースが揃うまで、意図的に先延ばしにしたりする場合もあります。今すぐどうしても、そのタスクをしなければいけない場合は、不安度を少しでも下げるために、別の選択肢がないかと検討したり、支援してくれる人を探したりするようにしています。

いずれにしても、強い不安を抱えたまま仕事をするのではなく、不安を少しでも弱くしてパフォーマンスが高い状態を保つことが、この不安マップを描く目的です。


相馬さんは「ゴールから考える」という思考を日々の中でも実践されている方で、ご自身のビジョンから長期計画・中期計画、そして年間計画、月間計画へとチャンクダウンなさっています。そして日々の行動にまで落とし込んでいるため、無駄がないという印象です。「感情の浮き沈みに流されることなく常にハイパフォーマンスで過ごす秘訣はなんだろう？」と思っていたのですが、その理由がこの不安マップだったようです。この方法は、特に独立起業を目指す方や、独立してさらに上を目指したい方には、とても参考になると思います。

ビジョンのように長い時間をかけて実現していくものの場合は、このようにソフトウェアのマインドマップは便利だと思います。

マインドマップで新規事業計画

渡口昇さん

沖縄で複数の会社を経営している渡口さんは、スタッフとのコミュニケーションだけでなく、ご自身でもかなりユニークなマインドマップを描かれます。これはまさにアート！　ひとつの作品に仕上がっています。

力を抜いてブランチを描き、キーワードやキーイメージを置いていく作業には「偶然」という贈りものがあると感じます。その「好機」には、整然とした通常のノートの取り方では、なかなか出合うことができません。また、新しい商品（ビジネス）を生み出そうとするとき、その商品がぼやっとしているときや「ひ弱」なときにも、マインドマップは脳にも心にも優しいと感じています。

マインドマップは、「偶然を掴む力」（セレンディピティ）を育むこともできます。全体性を大切にしているからこそ、チャンスを繋げやすいのだと感じています。

これは、沖縄のお菓子サーターアンダギーの事業計画です。

事業計画をたてたいけれど何からはじめて良いか分からない時には、「五行思想」を使っています。５つの要素を組み合わせたり、関係性を眺めたりすることで戦略化しやすくなり、メインブランチは５本。これが、発想の物差しになってくれるのです。この時はマーケティングの４つのＰを連想してサブブランチにしました。

・「水」……ｐｒｉｃｅ（価格戦略）

１個80円で売る。セットにした場合は１個60円にしようかな？　であれば、10個で600円で販売しよう。

・「木」……ｐｒｏｍｏｔｉｏｎ（販売戦略）

「愛（口コミ）を使って、場所に依存しよう」と考えた。具体的には、駐車しやすい店舗探し。

・「火」……ｐｒｏｄｕｃｔ（製品戦略）

サーターアンダギーを描きながら、一緒にカフェもやろうと思った。ここで良いアイデアが出た。隕石（流星）を連想したので、お店の名前は、メテオ（ｍｅｔｅｏ）にしようかな。このような発想ができるのが、マインドマップの良いところ。

・「土」……ｐｌａｃｅ（流通戦略）

テイクアウトメインのお店にする。沖縄は車社会なので、路肩の広さは最低50センチ以上。特に重要なのは、右カーブの左側に出店すること。左カーブの右側は、運転手か

play
attunement
monolith
odebu
tabeshi
40 memory
USA
HARLEY-DAVIDSON
MOTOR CYCLES
MISS LUCKY
Time
material
money
memento mori
image
Price
1個
10個
80円
set
60円
600円
60円
水
重要…右カーブの左側
ココの×
Okinawa
Japan
ISLAND
CM…90秒 x 30
BUZZ
impact
地の利
Place
Think Buzan
東社会
every day
Part time
文化
女性
子育て
時間
the third person
Product
Helix Nebula NGC 7293
Hubble Space Telescope
society
木
Promotion
nature
ECO
気零螺
TIRE
seat belt
FREITAG
the second person
draw
adamantine
征服されない
the first person
火

attunement
monolith
image
Price
水
ISLAND
Place
impact
地の利
Product
Part time
society
木
Promotion
nature
draw
火

ら見えにくいし、お店に入るためにはUターンするしかない。右カーブの左側だと、車を運転していても遠くから視界に入るし、お店に入りやすい。もし、対向から来たとしても、遠くから視界に入るので、来店しやすい。

・「金」……time（時間）
　バズ効果を狙ったテレビCMを制作しよう。

渡口さんのマインドマップはとても個性的で、芸術作品にも近いような印象ですが、それは渡口さんのビジネスの経験から得た知識が詳細に描き込まれているからです。

色に陰影をつけて、イラストを描き込んでいけば、このように圧倒されるマップになるかというと、そうではないと思います。イラストに凝ったマインドマップは、インターネットで検索すればたくさん出てきますが、渡口さんのものと見比べると迫力の違いに気付くでしょう。

わたしは、渡口さんの会社のスタッフの方々に、マインドマップをお伝えする機会をいただいたことがありますが、みなさんが口をそろえたのは「社長のようなマインドマップを描きたい」ということ。それは、描き方だけでなく、それを支える知識や実績を含めておっしゃっているのだと感じました。

一度、何日もかけてマインドマップを描き続ける経験をしてみると、このようなマップにつながるのかもしれません。そのようなマップは、人生の指針にもなるでしょう。

議題の決まっていない会議での活用法

赤坂英彦さん

コンサルタントとして働きながらも、勉強会を主催している赤坂さん。会議の場で活用されたりと社内でもマインドマップが受け入れられるようになっていったのは、良いものを自分なりに活用するという柔軟な姿勢が土台になっているようです。

私のマインドマップの利用法は次の通りです。
・中心に雲とテーマを描いて素早くスタート
・右上から時計回りにブランチを描く
・黒ペンでマップを作成、色塗りで復習
・枝には覚えたいフレーズ（キーワードにはこだわらない）
・発想法としての利用（発散）
・整理法としての利用（収束）

本来のマインドマップは中心にイラストを描いてから始めるのですが、仕事で利用する場合はサクッと時間をかけずに始めたいので、いつも中心に雲を描いて中にテーマを記入してマインドマップを描き始めています。枝（BOI）の順番は右上から描き始め、時計回りに進めていきます。特に順番は気にしなくても良いのでしょうが、見直す時に時系列で思い出すことができます。

枝には、キーワードだけにこだわらず、覚えたいフレーズを記入しています。これは特に整理法としての利用の際に多いのですが、たとえば議事録における発言記録や読書メモなどでは、キーワードではなく記録したいフレーズで記入しておきます。

整理法的な利用としては、ロジックツリーのようなマインドマップを作成します。枝の階層は因果関係を意識して、同一階層の枝には同じ抽象度（レベル）のキーワードを並べて記載するようにします。厳密には手描きのマインドマップはいわば下描きみたいなもので、必要に応じてマインドマップ作成ソフトを利用して別途ロジックツリーを作成することもあります。まとめの利用の場合は特に、枝はキーワードばかりではなく、特に末端の枝では説明文（文章）も記載しています。

これは、あるイベントのキックオフの事前準備の会議にマインドマップを利用したものです。このマインドマップを描きながら議事を進行し、最後はこれを参加者用の議事録（議事メモ）としても利用しました。

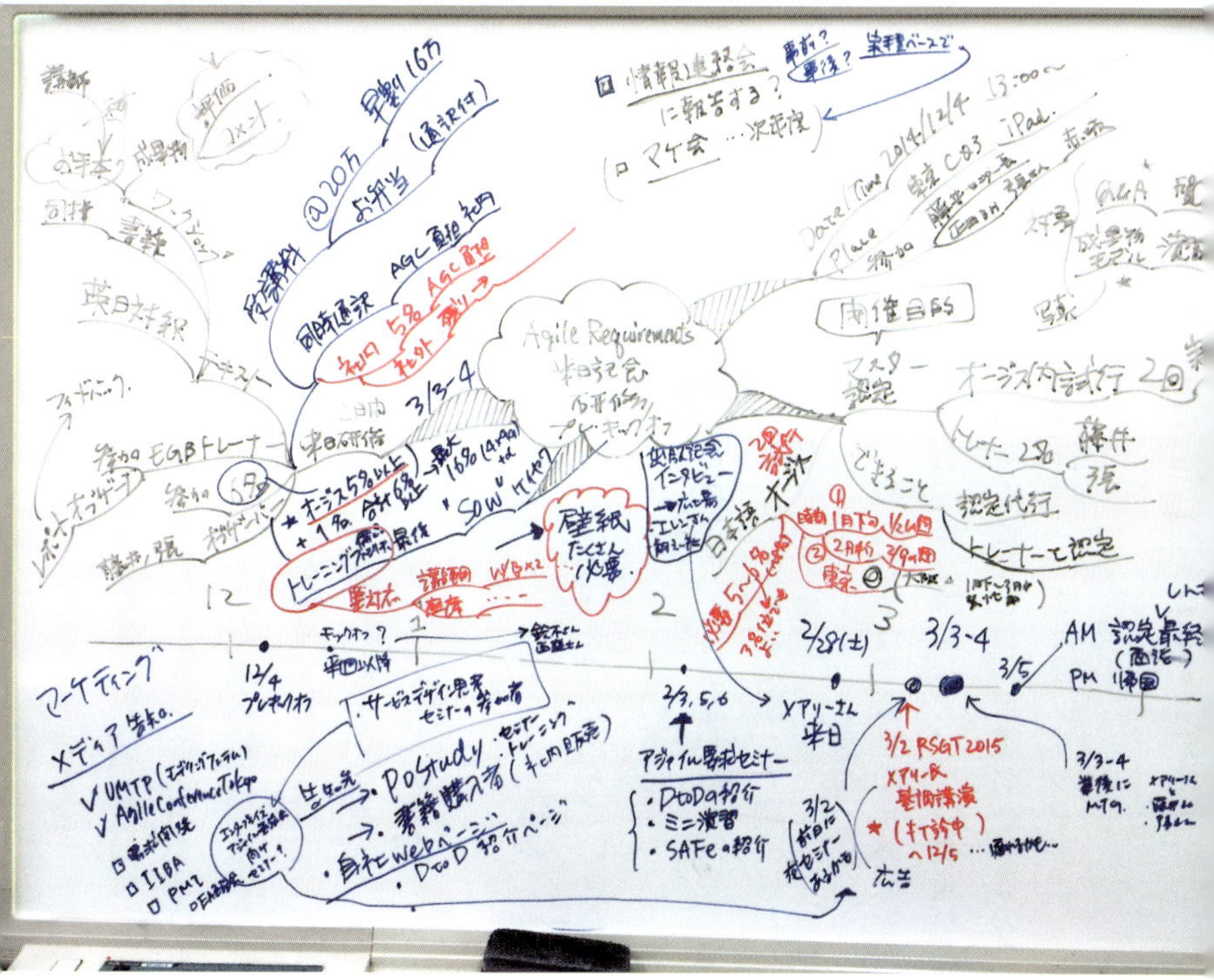
情報連絡会に報告する？
事前？
事後？
実費ベースで
マケ会 …決定済
Date/Time 2014/12/4 13:00〜
Place 東京 C83 iPad
Agile Requirements
出版記念会
受講料
@20万
早割 16万
お弁当 (通訳付)
同時通訳
AGC直販
英日対訳
テキスト
書籍
3/3-4
来日研修
オーディス5名以上
トレーニング
壁紙 たくさん 必要
マスター認定
オーディス内試行 2回
できること
認定代行
トレーナーと認定
日本語
12
1
2
3
12/4 プレキックオフ
2/28(土)
3/3-4
3/5
AM 認定最終 (面談)
PM 帰国
来日
アジャイル要求セミナー
・DtoDの紹介
・ミニ演習
・SAFeの紹介
3/2 RSGT 2015
広告
マーケティング
メディア告知
UMTP
Agile Conference Tokyo
IIBA
告知先
PO Study
書籍購入者
自社Webページ
DtoD紹介ページ
サービスデザイン思考セミナーの参加者

まず中心に会議の目的、右上に会議の概要（日時、場所、参加者など）を右上から時計回りに描き込みます。会議のアジェンダがある場合は、各議題をBOIにして描き込んでおきます。こうすることで、議論が偏ってしまった場合には、その状況がひどく偏ったマップとして可視化されてしまうので、簡単に議論を本題に戻すことができます。

この時は、事前準備ということで議題がはっきりしていませんでした。このためBOIは予め描くことはできず、イベントについて詳しく知っている人から話を聞きながらマインドマップを描いていきました。

まず、黒いペンで一通り話を聞きながらマインドマップを描いて、内容を読みあげて確認します。次に青ペンに持ち替えて、追加の情報を描き込んでいきます。今回は、イベント開催までのスケジュールを確認してマインドマップの下に描き込みました。

最後に、赤ペンに持ち替えて、キックオフまでに確認したり、やっておくこと（ToDo）を確認して会議は終了。ホワイトボードを写真に撮って議事録とします。参加者には電子メールで送信するだけです。

会議にマインドマップを利用すると、参加者全員で会議の全体像を俯瞰できるようになります。会議の途中で議論が紛糾しても、まだ議論していない議題がどれだけ残っているかや、些細なことに議論が集中していることなどが一目瞭然となるので、話を戻しやすくなります。会議ファシリテーター（進行役）には必需ツールです。

「私にとってマインドマップの魅力は、自由さです」とおっしゃる赤坂さん。お仕事で使われている、ルールが厳格なモデリング言語とは違い、マインドマップなら自分の思考過程がそのままマップに出るだけでなく、ロジックツリーのように（抽象度を揃えて）構造を意識して描くこともできるところにも魅力を感じていらっしゃるそうです。

また、マインドマップについて文章にするという今回の経験が、よい振り返りになったと言ってくださいました。ビジネスパーソンが職場で使っている事例として、ホワイトボードを使っての描き方など、参考になると思います。

チームに浸透したマインドマップ

佐藤将太さん

日本でもIT業界へのマインドマップの広まりは、どの業界よりも早かったようです。複数人での会議などの場合は、ブランチの移動がしやすいソフトウェアが好まれています。共有のしやすさなど、機能を使いこなせば本当に便利だと思います。

私は業務の中で、新人教育やチームリーダーを任されるなど、メンバーとのコミュニケーションが非常に重要となる立場を多く経験してきました。対メンバー、対チームの中で、情報や指示、背景や目的を一方的に伝える形では、どうしても情報過多で伝わらなかったり、メンバーが内容を理解するのに時間がかかったりします。

さらに、反省や振り返りといったネガティブな感情を感じる場面では、メンバー自身からの発信が難しく、個々人が意見を呑み込んでしまう事柄も多くあります（自分の経験も踏まえて）。こうした課題の改善のため、TLI認定後、ミーティングなどのコミュニケーションの場において、マインドマップを採用しました。

チームや個人の課題や目標をテーマに、共有の大画面に表示しながら双方向にコミュニ

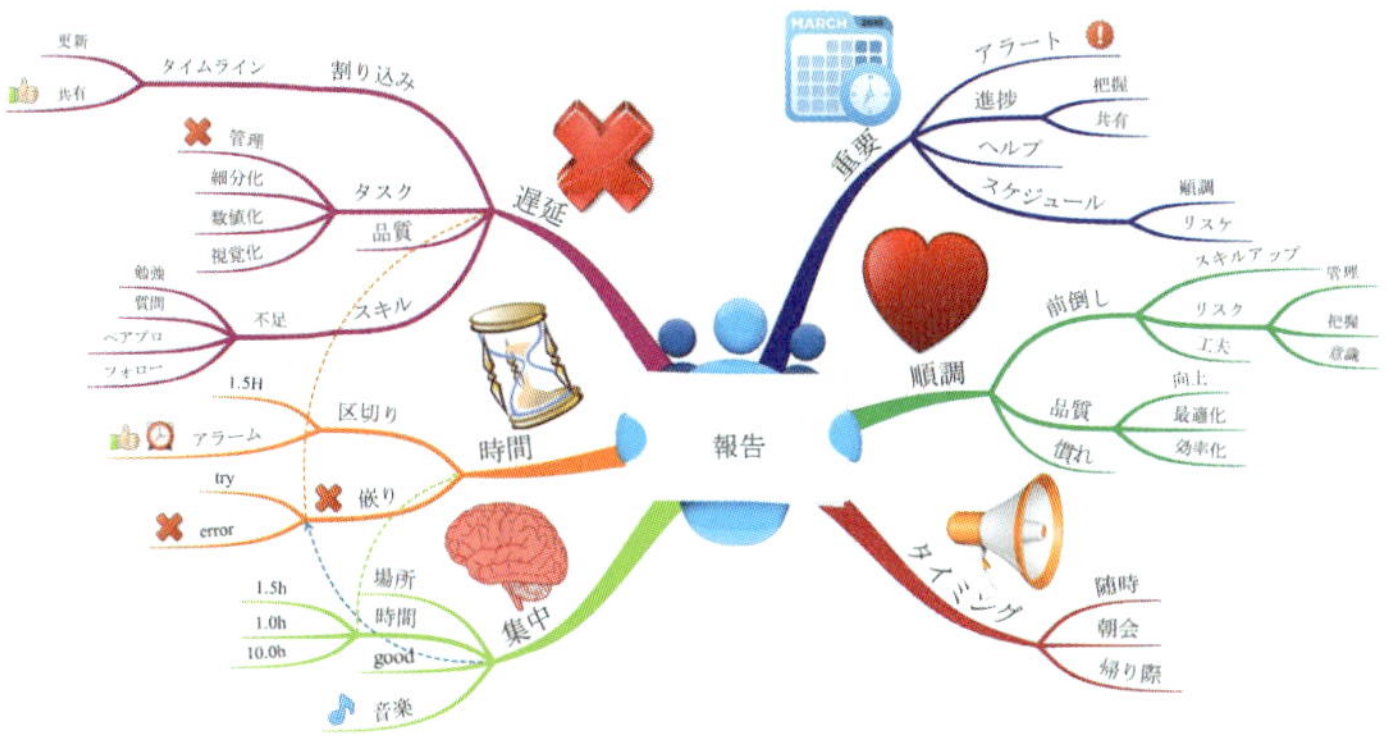
報告
遅延
割り込み
タイムライン
更新
共有
タスク
管理
細分化
数値化
視覚化
品質
スキル
不足
勉強
質問
ペアプロ
フォロー
時間
区切り
1.5H
アラーム
嵌り
try
error
集中
場所
時間
good
1.5h
1.0h
10.0h
音楽
重要
MARCH
アラート
進捗
把握
共有
ヘルプ
スケジュール
順調
リスケ
順調
前倒し
スキルアップ
管理
リスク
把握
工夫
意識
品質
向上
最適化
効率化
慣れ
タイミング
随時
朝会
帰り際

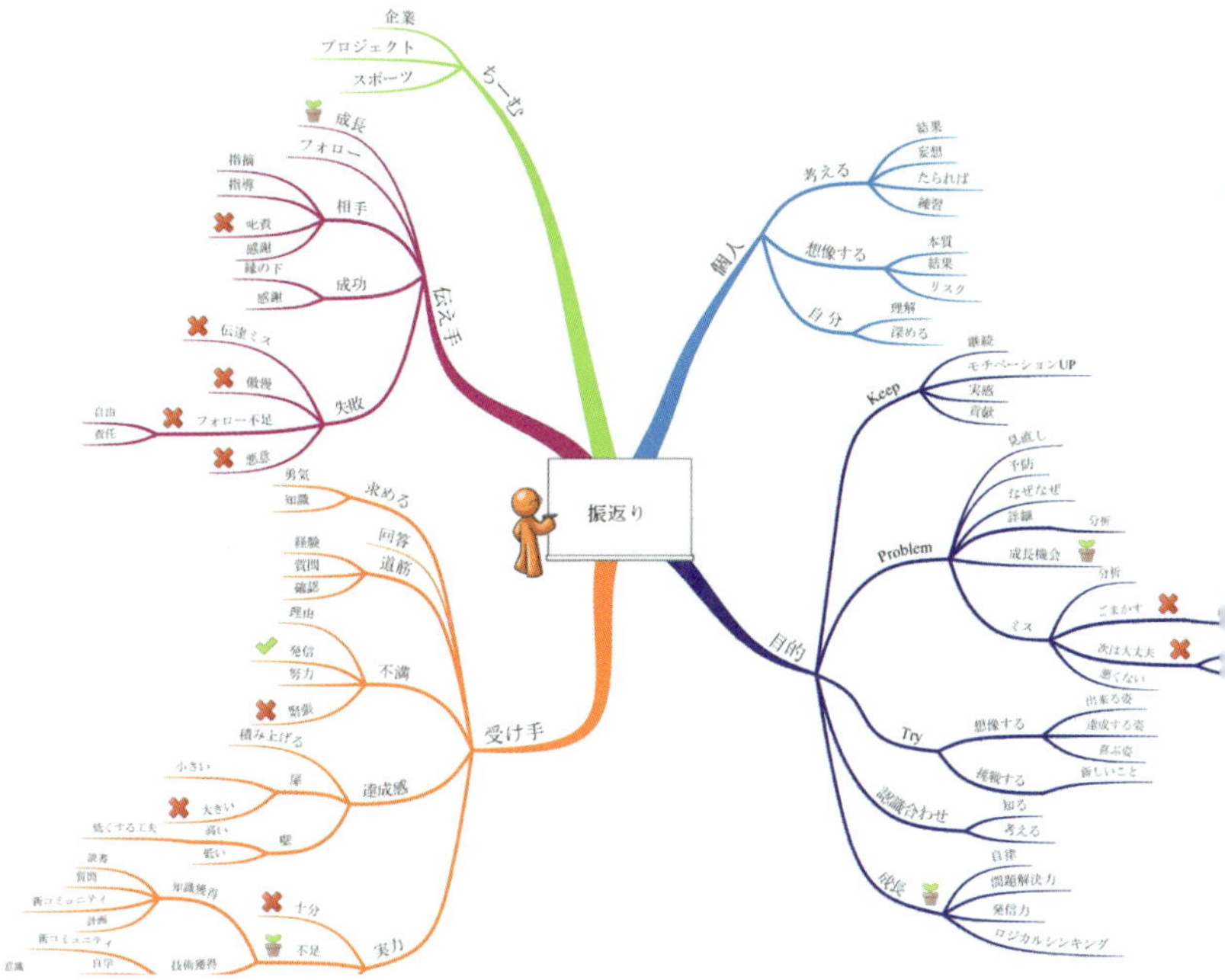
振返り
ちーむ
企業
プロジェクト
スポーツ
伝え手
成長
フォロー
相手
指摘
指導
叱責
感謝
成功
縁の下
感謝
失敗
伝達ミス
傲慢
フォロー不足
自由
責任
悪意
受け手
求める
勇気
知識
回答
道筋
経験
質問
確認
不満
理由
発信
努力
緊張
積み上げる
達成感
扉
小さい
大きい
壁
低くする工夫
高い
低い
実力
十分
不足
知識獲得
技術獲得
自学
個人
考える
結果
妄想
たられば
練習
想像する
本質
結果
リスク
自分
理解
深める
目的
Keep
継続
モチベーションUP
実感
貢献
Problem
見直し
予防
なぜなぜ
詳細
分析
成長機会
分析
ミス
ごまかす
次は大丈夫
悪くない
Try
想像する
出来る姿
達成する姿
喜ぶ姿
新しいこと
挑戦する
認識合わせ
知る
考える
成長
自律
問題解決力
発信力
ロジカルシンキング

ケーションを行い、描き足していく形にしていました。ホワイトボードに描くこともありますが、ITという業界柄か、ソフト（「iMindMap」）の方が好まれています。

ミーティングが終わると同時に振り返りや目標設定ができるマインドマップは、何よりメンバーが積極的に意見を出した記録と記憶として残ります。数時間の内容も1枚のマインドマップで確認できるため、参加者以外のメンバーが似たようなテーマや場面に陥った際、引っ張り出して共有することも簡単にできるようになりました。目標などを描き足していくことで、チームとしての一体感に繋がっています。

マインドマップ採用当初は、私がリードしながら描く場面が多かったのですが、だんだんと各自が自発的に描いたものをミーティングの場で発信するなど、積極性が増したことを実感できるようになりました。さらには、業務内でのコミュニケーションにも活用されるようになり、わずか1カ月でさまざまな場面に活用が広がっていきました。

メンバーにマインドマップが浸透したことも嬉しいことですが、今まで伝えるのに苦労していた「考え方」に対する姿勢が変化していく姿を見られることも、マインドマップが浸透していくことと同等に嬉しく感じています。

「思い出せません」と言っていたメンバーが「思い出せる！」と実感した瞬間や、「頑張ってプログラムを勉強する」と抽象的な目標を立てていたメンバーが「自分に足りていない知識は◯◯なので、□□の本を△月△日までに読む。△△セミナーに参加する」など具体的な目標をもてるようになった姿を目にしたときには、私自身も胸が熱くなりました。目標の立て方など、口頭で繰り返し説明しフォローしている内容も、「借り物」であるうちはなかなか結果に結びつかないことを改めて実感させられました。同時に、簡単な手助けをするだけでも「自分で発信した内容」は身につくのも早く、結果に繋がりやすいこと、そのためにマインドマップが有効であることも、メンバーの変化から実感することが出来ました。

マインドマップの楽しさ、伝染力、効果を少しでも多くの方に伝えられるよう、今後も精進していこうと強く感じる体験であり、自分の行動軸の1つにもなりました。

マインドマップは具体化を負担なく行えるツールです。事例にもありますが、安易に言葉で表現すると「がんばります」という抽象的で漠然としていて、なおかつ通り一遍で差し障りのない単語でごまかせてしまうようなことも、「がんばる」の先に枝を伸ばすことで具体化がしやすくなります。考えていないことに気づけるツールなのです。

言葉だけで質問を重ねていくと詰問調になってしまったり、相手が負担に感じたりしますが、枝が伸びていくことで「この先のことも考えたほうが良いな！」と自分で気づいて主体的に思考できるようになります。会議の内容も思い出しやすくなったりと、チーム内での効果を体験している点が嬉しいですね。

何も捨てない、贅沢なプランニング

永江信彦さん

コンサルタント業務をされている永江さんは、たくさんあるアイデアをまとめるために、どのようにマインドマップを使うかのヒントを示してくださいました。

　私がアドバイザーのような形でお手伝いをさせていただいている企業で、複数の新規事業を展開していくことになりました。どれも既存のリソースを活用したものですが、その会社のビジネスモデルとしてはいずれも新しいものでした。そのため、収益モデルとしては経験がなく、しかもアイデアとして出ているプランの数が多いので、具体的な内容を企画するのに苦労されていました。

　そこでいくつもあるアイデアをヒアリングし、マインドマップを使って、具体的なタスクにまとめることになりました。

　このマインドマップを描いたのはヒアリング後に事務所に戻ってからのことで、数多くあるアイデアの中になんらかの共通項を見つけようとしています。まず、一般的に考えられる事業の分類をおおまかに行い、それをメインブランチにしています。「Ｗｅｂ」「高校

水
Web
高校生
電
セ
講師
飲食店
福祉施設
Women
テナント 一部
ALL
施設
ス
提案
デザイン
企画
技術
知識
センス
CMS
SNS
作・運・他
ニュース
発信
SEO
中小企業
地元
信頼
革新
アイデア
販売
Web
企画
アイデア
語学
プレゼン
コーディネイト
血液に!

生」「電」「水」とあるのは、それぞれのまとまりで象徴的なキーワードです。ただし、これらは事業内容を直接的に表すものではありません。関わる要素が非常に多くて複雑だったので、通常よりも「感性」に頼って分析してみようと思い、感覚的に４つのキーワードを並べました。

それぞれのメインブランチの先には、そこに分類されるアイデアを説明するための単語や、派生して思いついた言葉をつなげています。ここでもあまり論理的に考えることなく、感性に任せたブランチのつなげ方をしました。

会社経営に関わる分析は、本来であれば論理的にしなくてはなりませんが、できるだけ感覚的に描くようにしたのは、ひとつには要素が複雑すぎたからです。もうひとつは、社長がかなりクリエイティブな方なので、それに合わせようという理由からです。そして、このやり方は結果的に良いプランニングにつながりました。

ブランチをまとめるように囲んである部分で、丸に「セ」や「ス」「イ」と書いてある部分が、このマップのキモになります。丸にカタカナ一文字は、それぞれ戦略的な方向性を象徴しています。異なる枝の先に同じような方向性が見えたので、同じ記号と色で囲んでいるのです。また、さらにその枠からは、逆向きに具体性のブランチがいくつか出ています。

このように、元は異なる括りにあったものでも、同じような結論を得るように帰結していくことがあり、これもマインドマップの面白いところです。拡散しつつも、いつの間にか収束できるというメリットがあると私は考えています。

実はこのマップの中に描かれている事業のアイデアは、元々9個もあります。しかし、最終的に9個をバラバラに進めるのではなく、「セ」「ス」そして「イ」という3つのプロジェクトにまとめて、それぞれに含まれるアイデアを有機的に組み合わせることになりました。

いくつかを削って3つに集中させたのではなく、どれも削ることなく、いわば「選択しない集中」で3つにまとめました。それでいて、結果的には効率よく事業計画ができあがり、今、それぞれが実現に向けて動いています。複雑なものを網羅的につなげていき、効率よい事業プランに仕立てていくことも、マインドマップを使って可能になります。何も捨てないぜいたくなプランニングに活用してみた事例です。

難しいことをわかりやすく伝える方法としてマインドマップは最適だと思います。永江さんくらいまで使い込んでいくと、「エアマインドマップ」として脳内でマインドマップをイメージしている状態になっているのでしょうね。

マインドマップで専門書を要約

トトロさん

本の読み方にもいろいろあります。ビジネスパーソンがスキルアップのために読むものや、学生が知識習得のために読むものなど。ここでは専門知識を習得するだけでなく、要旨をまとめるために活用された事例です。

私は研究の仕事に携わっているのですが、研究していく上で常に新しい知識を得て、それを系統立てて頭の中に整理していくことが必要になってきます。これまでは主にワードやパワーポイントでその作業を行っていましたが、どんなツールも目的によって向き不向きがあるため、新しい情報整理のツールとしてマインドマップを取り入れていきたいと考えるようになりました。

元々小さい頃からお絵描きが好きだった私は、マインドマップは色がきれいで楽しく作業できそうなものだなと感じていました。マインドマップの講習会を受けてから、初めて仕事のために作ったマップがこちらです。

当時私は、ある学会に急遽参加することになったのですが、そのためには発表内容の要

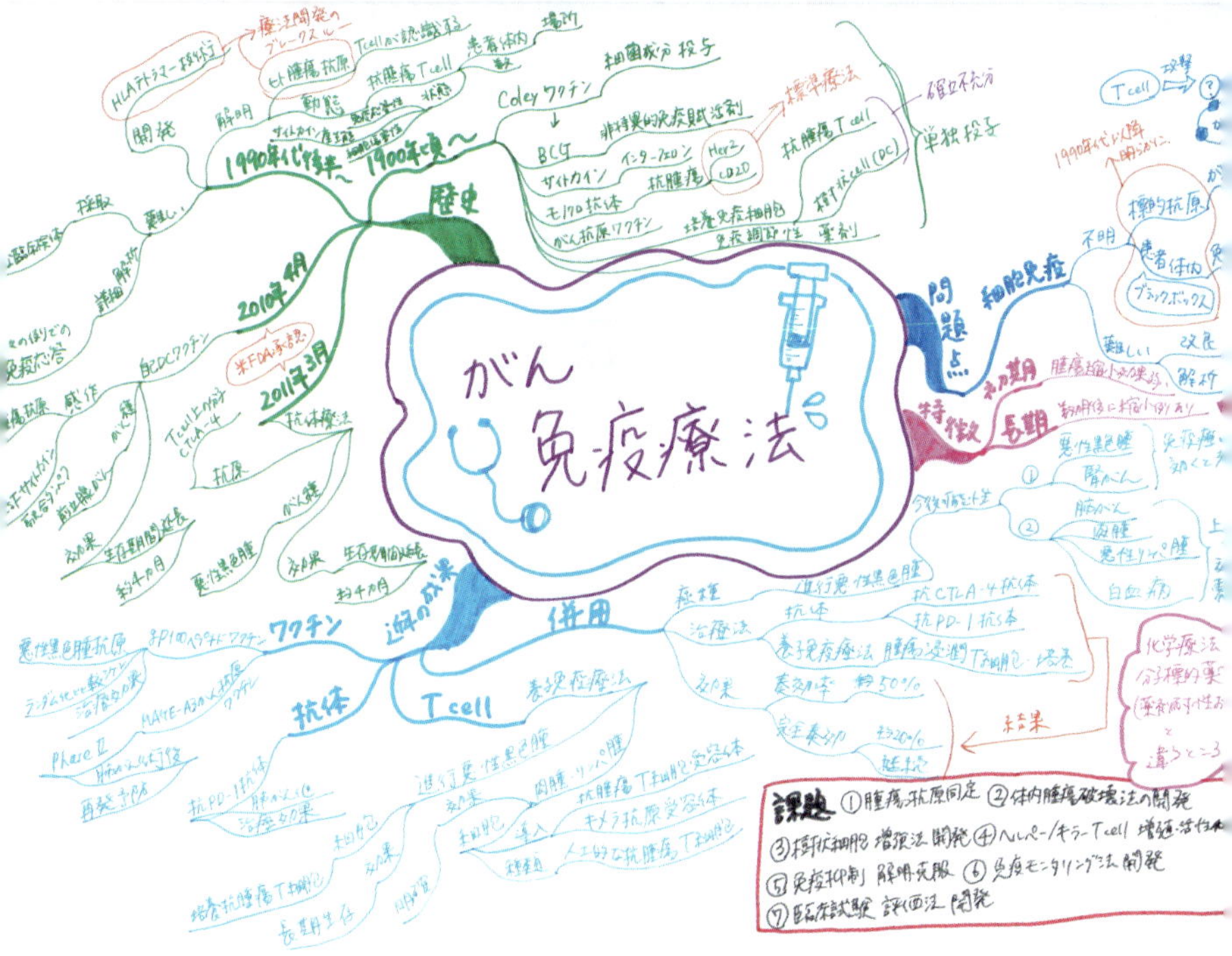
がん
免疫療法
歴史
1900年頃～
1990年代後半～
2010年4月
2011年3月
米FDA承認
Coley ワクチン
細菌成分 投与
BCG
非特異的免疫賦活剤
サイトカイン
インターフェロン
モノクロ抗体
抗腫瘍
Her2
CD20
がん抗原ワクチン
培養免疫細胞
免疫調節性 薬剤
標準療法
抗腫瘍T cell
単独投与
確立不充分
開発
HLAテトラマー
ヒト腫瘍抗原
自己DCワクチン
抗体療法
悪性黒色腫
問題点
細胞免疫
不明
標的抗原
患者体内
ブラックボックス
難しい
特徴
初期
長期
化学療法
分子標的薬
違うところ
併用
治療法
抗体
抗CTLA-4抗体
抗PD-1抗体
養子免疫療法
進行悪性黒色腫
奏効率 約50%
完全奏効 約20%
延長
結果
近年の成果
ワクチン
抗体
Phase II
再発予防
T cell
養子免疫療法
培養抗腫瘍T細胞
長期生存
課題 ①腫瘍抗原同定 ②体内腫瘍破壊法の開発
③樹状細胞 増殖法 開発 ④ヘルパー/キラーT cell 増殖・活性化
⑤免疫抑制 解明・克服 ⑥免疫モニタリング法 開発
⑦臨床試験 評価法 開発

旨を提出し、それが学会に受理される必要がありました。要旨の提出期限が迫っていたこと、少し専門外の分野の学会であったことなどから、背景知識を短時間で把握しなくてはなりませんでした。

そこで私は、ある専門書の1章分の内容をマインドマップにまとめてみることにしました。

実際に作ってみて感じたことは、専門書の読解とマインドマップ作りを同時に行うと、ふだんと比べて自然と一段高いところから全体を俯瞰して文章を読むようになるということです。大・中・小のブランチのうち、特に大・中のブランチにのせる言葉を決めようとすると、文章の構成をざっと確認したり流れを予想したり、ということを自ずと実行したくなるからではないかと思います。

それに加えて便利に感じたことは、前に読んだ部分の内容を途中で思い出しやすかったところでした。ただ読んでいるだけだと該当の箇所を見つけるためにページをめくって何行も読み直して時間を費やす、ということがよくあります。しかしマインドマップを作りながら読めば、既に読んだ内容のエッセンスがまとめてあり、それを「一目で確認できる」ため、無駄な時間が短縮されて、より思考が深まるのです。

このように「全体を俯瞰しながら読む」ということや、「まとめを作りながら読む」ということは、そう意識して読む、箇条書きにまとめるなど、別な方法でも可能なことかもしれません。ただ、ほかの手法と違うマインドマップの一番の強みは、情報がＡ４の紙１枚に凝縮されていて、その内容が脳に瞬時に伝わる形式をしているところにあると思いました。

横長のＡ４サイズは、私の視野にすっぽり収まりますし、色やイラストからイメージを、単語とブランチから系統立った意味合いをすぐにつかむことができます。こういった特徴が、専門外の情報を短期間でまとめて捉えることに役立ちました。

こうして合計１０００字の学会発表要旨を作成し、まずは共同研究者の大御所先生に内容のチェックをしていただきました。その先生は、マインドマップにまとめた分野の専門家でいらっしゃるため、ドキドキしながらお返事を待ちました。その結果、私の研究背景の把握はそう間違ってはいなかったようで、すぐにその要旨で学会発表することをご了承いただくことができました。その後、学会でも要旨が受理され、無事に研究発表を行うことになりました。

今回のマインドマップは何とかＡ４サイズに収めましたが、専門的な内容を扱う時にはＡ４ではスペースが足りないと感じることが多いかもしれません。次に同じようなケースがあれば、まずＡ３サイズの紙を使って思い切り描いて、完成したらＡ４サイズに縮小コピーしておくと、見返す時に便利なのではと考えています。

（『別冊・医学のあゆみ　がんの免疫制御――研究と臨床の最前線』河上裕・編／医歯薬

日々、仕事だけでも忙しいのに、参考文献を読んでまとめ、発表の準備までするというのは、時間的な余裕だけでなく効果的な学習方法を体得している必要があると思います。マインドマップに文献をまとめながら読み進めていったことで、ページをさかのぼって読み直しをする時間が減ったというのは、多くの方に体験してもらいたいことです。

ついやってしまいがちなのが、すべて覚えておきたいと欲張ってしまい、本に書いてある内容をすべてマップにしようとするパターンです。しかし、すべての内容に興味がなければ覚えきれませんし、すべての内容を記憶する必要性があるのか、と考えれば、必然的に答えは決まってきます。

自分に必要なところを見極めつつ、マップにしていくというのが大切だと思います。そういう点で、この文献をまとめる目的が明確だったというのはとても重要なことだと思います。色分けしてあることで、描きにくくなってしまったピンクの部分を、矢印でまとめようとしている工夫も参考になると思います。こんな感じで描き加えてもＯＫなのです。

コーヒーを究めるために

鈴木雄介さん

何か新しいことを体得するには時間がかかります。「1万時間の法則」などというものがあるくらいです。そうでなくとも、難関試験合格のための勉強時間には1000時間は必要だと言われています。極めるためには必要な投資時間ですが、短縮できたら嬉しいですよね。それをかなえてくれるのがマインドマップです。

コーヒーを楽しむための技術を身につけるには、さまざまな専門的知識が必要です。コーヒーの種類、機材の名称、専門用語や作業技術、適切な時間や味わい方など、あふれる情報を短時間で整理しなくてはなりません。

たとえばコーヒーの種類だけでもアレンジ次第でその種類は多くなります。エスプレッソマシン、ドリッパー、コーヒープレス等、機材が変わればバリエーションも増えていきます。このように情報がたくさんあると頭の中が混乱して、どこからまとめてよいものか不安になります。不安な中で勉強しても身につきません。

そこで私は、情報を各カテゴリーごとに区分化し、見える化させることで、記憶の再生効果の高いマインドマップを活用することに決めました。

セミナーでは、ファシリテータの講義スピードに対応するため、色の切替が速い3色ボールペンを使用しています。この時はきれいに書くことは全く意識していません。あくまでもメモ書き用としてのマインドマップです。たとえば習字や硬筆などでも「試し書き」と「清書」があるように、あとで清書することが最も重要なことだと私は感じています。

次は、講義録のメモを、iPad用のマインドマップアプリを使用して描きます。指で枝を自由に伸ばすことができるため、記入ミスも瞬時に修正できます。また、カラーペンを使用しないため、大幅な時間短縮にもなります。

その後、6セミナー分（12時間）の講義録メモ、合計8枚分を、1枚に凝縮した清書用オリジナルマインドマップを作ります。このように清書をすることで、記憶の再生効果を高めることができます。たとえば子供の時の、今でもはっきり記憶に残っている出来事で、その時の音や香りまで一緒に覚えている、ということはないでしょうか。脳は五感を通じて感じ取ったものは、記憶しやすく再生しやすいという特徴をもっているからです。

私はこれらの要素を清書用マインドマップの中に取り入れています。中央部に描いたコーヒーカップのイメージから伸びる手や脚は、主に色鉛筆を使って、ユニークかつ印象的に描くようにしています。右上のブランチには、各セミナーの受講日や場所を明記しており、下部にあるコーヒーの川にはレシピをカスタムさせる順番をイメージで描いています。

Espresso
Barrista
Let's PLAY
Environment
Coffee Belt
TOOL

Coffee
早見表
① 生産地
② 加工方法
③ 風味(酸味/コク)
④ キーワード
エチオピア
① アフリカ
② 水洗式
③ 風味
④ Dark Cocoa
酸味
コク
コロンビア
① ラテンアメリカ
② 水洗式
③ 風味
④ Balanced・Nutty
スマトラ
① アジア／太平洋
② 半水洗式
③ 風味
④ Earthy・Herbal
コモド ドラゴン ブレンド
① アジア／太平洋
② 水洗式／半水洗式
③ 風味
④ Spice・Herbs
カフェ ベロナ
① マルチリージョン
② 水洗式／半水洗式
③ 風味
④ Cocoa・Sweet
エスプレッソ ロースト
① マルチリージョン
② 水洗式
③ 風味
④ Rich・Caramelly
フレンチ ロースト
① ラテン アメリカ
② 水洗式
③ 風味
④ Intense・Smoky
フェアトレード イタリアン ロースト
① マルチリージョン
② 水洗式
③ 風味
④ Roasty Sweet
ウィローブレンド
① マルチリージョン
② 水洗式
③ 風味
④ Bright・Clean
ライトノート ブレンド
① ラテン アメリカ
② 水洗式
③ 風味
④ Mello・Soft
ブレックファースト ブレンド
① ラテン アメリカ
② 水洗式
③ 風味
④ Crisp・Tangy
パイクプレイス ロースト
① ラテン アメリカ
② 水洗式
③ 風味
④ Smooth・Balanced
グアテマラ アンティグア
① ラテン アメリカ
② 水洗式
③ 風味
④ Cocoa・Soft Spice
ケニア
① アフリカ
② 水洗式
③ 風味
④ Juicy・Complex
ハウス ブレンド
① ラテン アメリカ
② 水洗式
③ 風味
④ Lively・Balanced

左部にはコーヒーの味わい方を中心にフードとの組み合わせや、エスプレッソ抽出時の数式等を記入しているのが特徴です。ユニーク・面白く楽しいように描いて、記憶に印象付けようとしているのです。

そして最後に、セミナー受講中に学んだ、コーヒーの種類・加工方法・風味・表現方法をまとめました。後で見返したときに分かりやすすように書き方を統一させています。メインキーワードはコーヒー豆の種類を軸に書いていて、生産地・加工方法・風味（酸味・コク）を表現するときに使う言葉を、すべての枝に統一性を持たせて記入しています。

工夫した点は2つです。1つは中央部に描いたイメージをあえて縦長にしているところです。こうすることで、複数のキーワードをイメージから伸ばすことができます。もう1つは試飲したときに感じた酸味とコクの表現方法を、五段階評価で赤丸で記入している点です。文章で記入したなら、一枚に収まることはないでしょうし、このように言葉で表現しにくいものをイメージですっきり短縮化し、複数の情報をノート上へ整理できるのが利点だと思います。

マインドマップは自作すれば、記憶にも残り、頭の整理にもなります。でも、誰かの描いたマップを手に入れて手軽に理解してしまおうと、ちゃっかりと期待している方もいるかもしれません。わたしだって、鈴木さんの「コーヒーの種類別早見表」などを見たら、思わず「コピーさせてください」と言ってしまいそうです。

マインドマップにしてあると、専門的なことが描いてあったとしても、ある程度の概要が理解できる点は、大きなメリットです。必要に応じて描き足すこともできますし、またそうすることで、愛着も湧いてくるものです。この愛着というのは、手描きのマインドマップを体験した方にとっては納得できる感覚だと思います。ノートへの箇条書きとは違った感覚が得られるようです。

他の人のマインドマップを見ただけで、ちょっとした知識のショートカットができるというのは、他のノート法にはない利点かもしれません。

1年を漢字一文字にまとめる

山本伸さん

外資系の医療用医薬品の開発・販売会社に勤めながら、翻訳、海外の著者を招聘してのワークショップの開催、そして大学の非常勤講師など、精力的に活動されている山本さん。大学では、マインドマップを活用し、学生さんとディスカッション型の授業を展開しています。マインドマップとレゴブロックを用いたり、絵手紙のような筆文字を組み合わせたりして独自の世界を築こうと日々工夫されています。

1年の振り返りとして、その年を漢字一文字に表すというワークを行っています。

まずは、ミニマインドマップで、この1年に実施したこと、成し遂げたこと、心に残っていることなどを、順番やジャンルにこだわらず、とにかく出し尽くします。単語、言葉単位で次々と枝を伸ばしていくのがポイントです。

次に、同じくミニマインドマップで、ブランチを「1月」から「12月」と12本伸ばした上で、先ほど作ったミニマインドマップから、その出来事や思い出がいつ頃だったかを思い出しながら、該当する月のブランチに乗せつつ枝を伸ばしていきます。思い出しながら、

2012
Jan
Feb
Mar
Apr
May
Jun
Jul
Aug
Sep
Oct
Dec

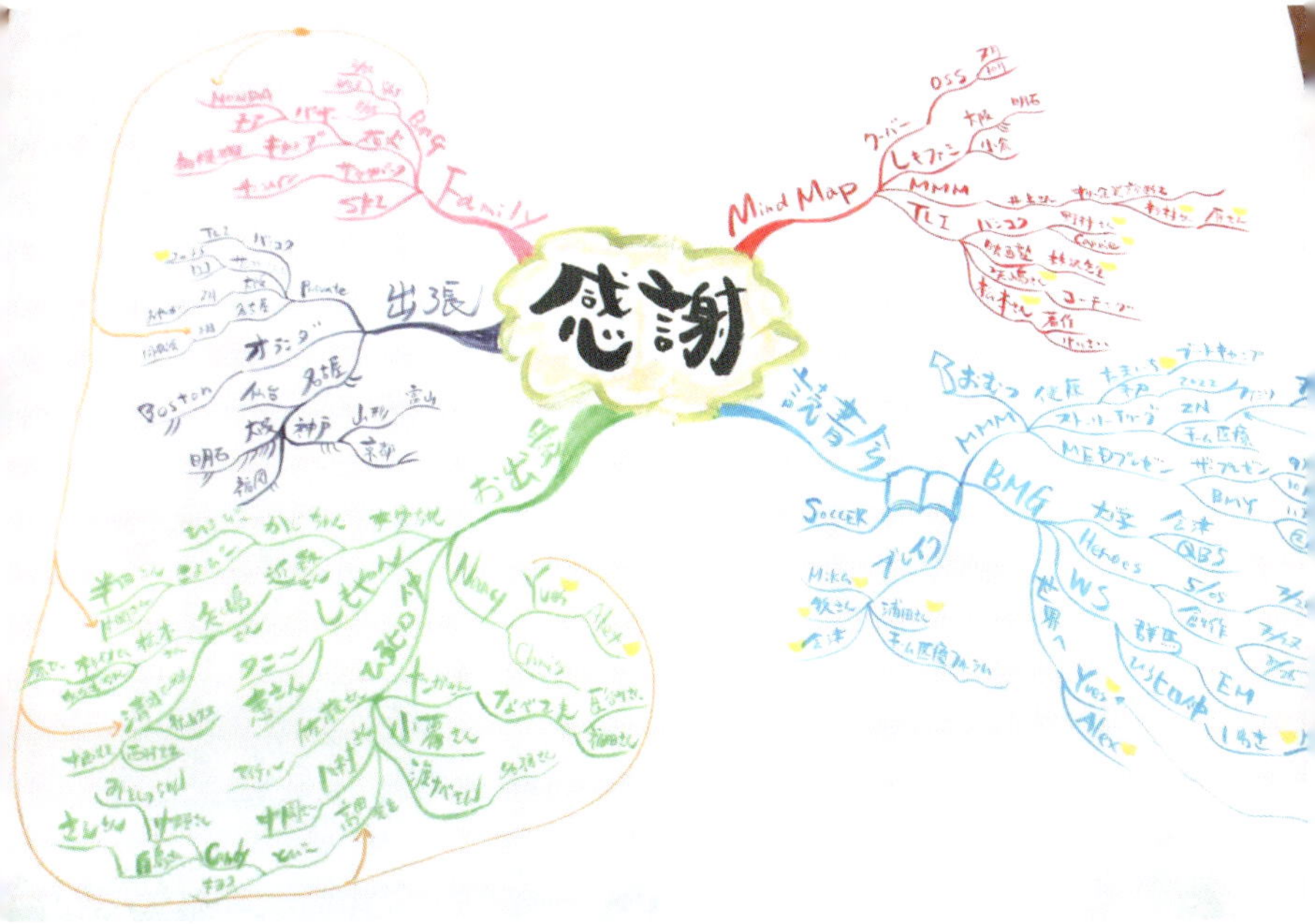
感謝
Family
Mind Map
出張
MMM
BMG
Boston
Soccer

新たなことを思い出した場合は、もちろん、該当する月に書き加えていきます。

思いつく限界まで枝を伸ばして、これでいいかなあ……となったら、出ている言葉全体を見渡して、グループ化していきます。同じジャンルと思われる言葉に同じ色のペンで丸をつけたり、印をつけていきます。こうして4、5個のグループを作ります。そして、それぞれのグループに名前をつけます。この時点では、まだ漢字一文字にはしません。

このグループが、新たに描くマインドマップのメインの枝になります。たとえばここでは、セントラルイメージに「感謝」と描き、それぞれについて、感謝したい、すべきことを順不同であげていきます。

最終的に、この2枚のマインドマップを見比べながら、漢字一文字ですべてを表してみます。この場合（２０１２年）の一年を示す一文字は「拓（ひらく）」となりました。


「ミニマインドマップ」は、階層や序列という構造化を考えずに思いつくままにマインドマップにしていくものです。山本さんの事例の1枚目のようなものですね。

わたしの講座では、それをさらに応用しています。一人ブレストをするときや、次から次にアイデアを出したいというときの方法です。セントラルイメージはただの丸、そしてその丸を囲むように1階層だけ枝を伸ばすというものです。まるでウニやイガ栗のようなモチーフになります。ポイントは枝をつなげていかないこと。

なぜならば、枝をつなげることで「関連性がある」と認識してしまうからです。マインドマップは、本来、その関連性を表現できる点がメリットなのですが、それをあえてせずに1階層だけで描き続けるのです。色も1色だけで描きます。色を変えることで、関連性があると認識してしまうのを避けるためです。

そんなウニやイガ栗のようなものを、1枚の紙の上にいくつも描いていきます。すると、9個とか12個とかのウニが出来上がります。付箋でやっても良いのですが、マインドマップにすることで、今まで出た単語が見渡せる点が刺激になっていきます。そうして出てきたアイデアを、色や枝のつながりなどの先入観なくカテゴリー分けしていくことで、既存の分類とは違う分類方法を見出しやすくなっていくのです。

山本さんの事例だと２０１２をセントラルイメージにして、黄緑色の単色でマインドマップにし、赤やピンクで囲んでいます。マインドマップを使い続けていくとペンを変える、新しい枝を描くという作業が、単なる作業ではなく思考や気持ちの切り替えになっていきます。これは描いているうちに無意識のうちに体得していく感覚ですが、慣れないうちは紙を変えるというのが最も切り替えやすい方法です。

セントラルイメージは「絵」ではなく「イメージ」です。漢字は文字でもありますが、漢字の成り立ちそのものに意味があるだけでなく、その漢字に対する個人の印象もあるものです。漢字を一文字選んでマインドマップにするというのは、漢字を持つ国ならではの発想ですね。

ぐるぐるマインドマップ

加子勝茂さん

ＩＴ企業でグループリーダーとして働いている加子さんは、名古屋でグループマインドマップのワークショップを開催しています。初心者の方も気軽に参加できる敷居の低さと、個人が設定した課題に、参加者全員の知識を集結！　一人だけでは得られない情報を得ることができるという大きなメリットがあります。楽しく深いワークショップになっているようです。

「ぐるぐるマインドマップ」とは、複数人で人数分の「マインドマップ」を一定時間で区切って「ぐるぐる」と手渡ししながら描くというものです。言ってしまうとこれだけなのですが、次の４つのメリットがあります。

1　同時並行に参加人数分のテーマを取り扱うことができる
2　参加者全員のアイデアを引き出せる
3　参加者全員の集中力を引き出せる
4　参加者同士のアイデアの相乗効果が期待できる

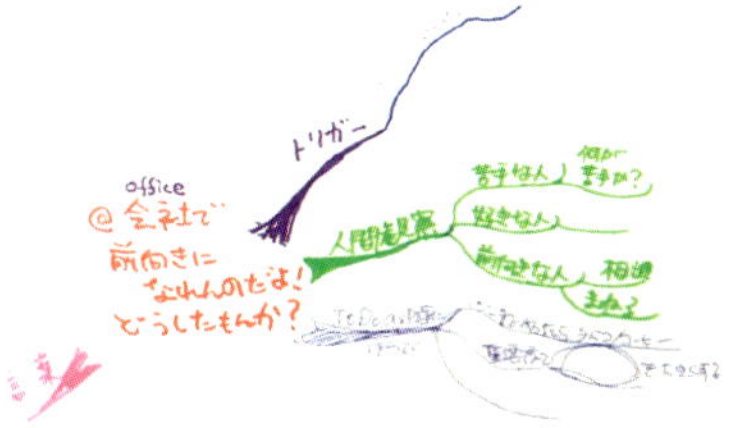
office
@会社で
前向きに
なれんのだな!
どうしたもんか?
トリガー
人間観察
苦手な人
好きな人
前向きな人

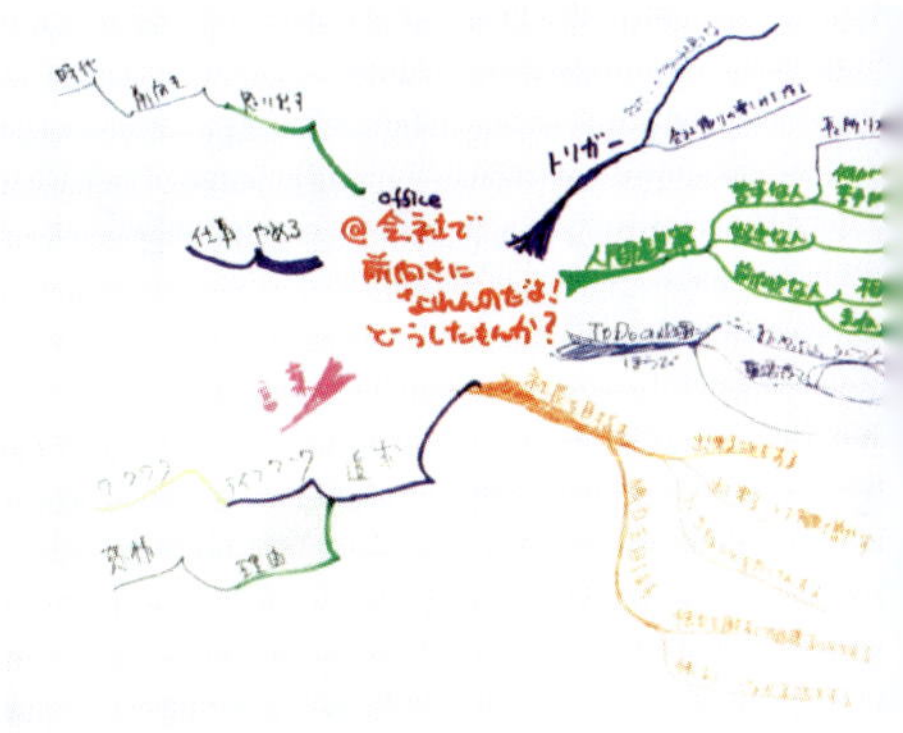
office
@会社で
前向きに
なれんのだな!
どうしたもんか?
トリガー
人間観察
苦手な人
好きな人
前向きな人
仕事 やめる
長所リストを作る

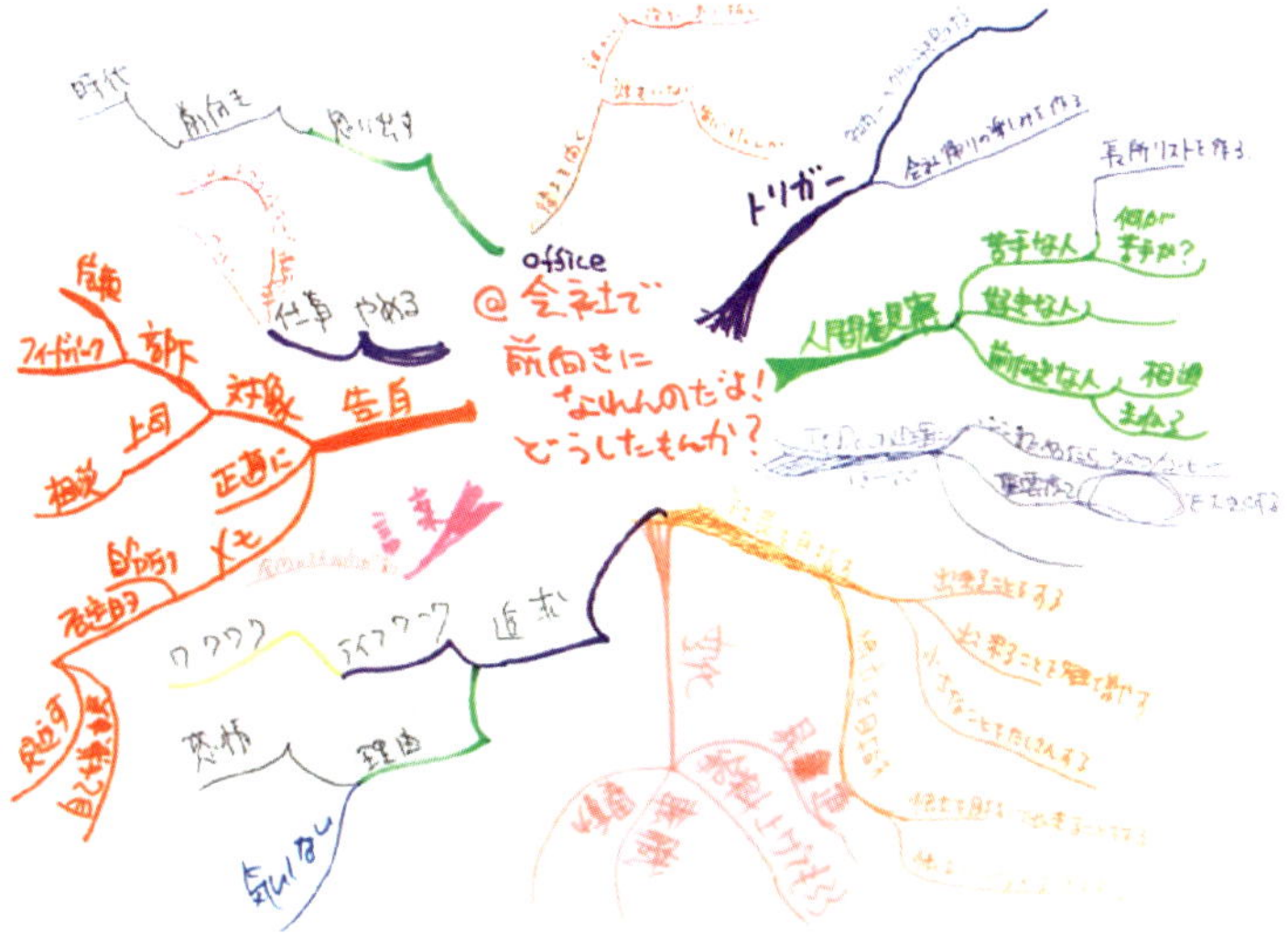
office
@会社で
前向きに
なれんのだな!
どうしたもんか?
トリガー
人間観察
苦手な人
好きな人
前向きな人
仕事 やめる
告白
対象
部下
上司
正直に
長所リストを作る

「ぐるぐるマインドマップ」では、人数分のマインドマップを「ぐるぐる」します。つまり、連続的に異なるマインドマップを描くことになります。「同時並行に参加人数分のテーマを取り扱うことができる」というメリットをもたらします。

会議や打ち合わせで、参加者全員から意見を引き出すことは難しいと感じていませんか？　この「ぐるぐる」と手渡されたマインドマップと向き合うと、何かを描かなくてはいけないという衝動にかられて、実際に描いてしまうのです。人間は、自分に向けて質問されると、ついつい答えてしまいます。さらに、描くという行為は、人前で発言するよりもハードルが低いので実行されやすくなります。つまり「参加者全員のアイデアを引き出せる」というメリットがあるのです。

また、一定時間で区切ってマインドマップを「ぐるぐる」と手渡していくため、時間のプレッシャーが集中力を発揮させてくれます。「夏休みの最後の集中力」を要求されるような感じです。参加者全員の集中力を引き出せることが魅力です。

また、他の参加者の描いたアイデアに触発されて、1人でマインドマップを描いていたら絶対に思い付かないことを発想する可能性があります。参加者同士のアイデアの相乗効果が期待できるというメリットをもたらします。

参加者の方から「マインドマップを使うようになって変わったことってなんですか？」

と聞かれました。パッと思いついたのは、「アイデアが出やすくなる」「アイデアが見える化できて、新たなアイデアが引き出される」「アイデアが見える化できて、全体を把握できる」……。

でも、これって　マインドマップ自体のメリットであって、私自身が変わったこととというのとは違うことに気付きました。少し考えて思いついたのが、「マインドマップを使うようになって、『考える』という行為を具体的な行動として計画できるようになった！」ということ。この答えには、質問してくれた参加者の方も、満足してくれたようでした。

その後、このことについて、もう少し考えてみました。「○○について考える」必要があるとします。これを「○○について、マインドマップを描く」という具体的な行動に落とし込むことができます。さらに「○○について、マインドマップをメインブランチ6本以上、サブブランチ50本以上書く」というふうに、「考える」という行動を数値化して目標にすることもできます。「考える」が、ずいぶん具体化できると思いませんか？

人が成長していくのは、知識が増えるだけでなく、行動によって能力が高まるからです。マインドマップは「描いて終わり」ではなく「具体的な行動に結びつける」ところまで、詳細に描ける点が魅力のひとつだと思います。「ぐるぐるマインドマップ」にすると、自分がしたことのないことでも、経験者の知識や実際の経験をマップ上で確認することができます。「したことのないことはわからないから、描けない」という気づきが得られるだけでなく、経験・未経験にかかわらず第三者の知見をまとめて得られるのです。

マインドマップに「やってみたいこと」や理想像を描いたとしても、描いただけでは実現しません。それをどう行動にしていくのかという落とし込みが大切なのです。その時に意識してもらいたいのは「数値化」です。「6本」「50本」のように具体的な数値があると、達成したかどうかの確認もしやすくなります。

「マインドマップを描くと実現するよ！」と言われて、喜び勇んで描いてみたけれど……という人は、自分のマインドマップが夢物語で終わっていないか、数値化されて行動の指針になっているか、といった確認が必要です。やり方がわからないことは、先に経験している人に知恵を拝借して、自分にも行動できるようにチャンクダウンしていけば、いつかは達成できるはずです。

わたしのマインドマップ

前作に続き、皆さんから多くのマインドマップを提供していただきました。本当にありがとうございます。「……で、著者はどんなマインドマップを描いているの？」と思っている方もいるでしょう。活用例の最後に、わたし自身のマインドマップをいくつかご紹介します。

コーチングのマインドマップ

現在、わたしがマインドマップを実際に使っているのは、具体的には仕事の場面、コーチングの指導においてです。コーチングというのは、カウンセリングと混同される方がいらっしゃるのですが、実は似て非なるものです。

現在ではカウンセリングも多岐にわたっていますが、基本的には「マイナスの状況からプラスの状況にしていく」支援を指しています。そしてカウンセラーというのは、心理学を学部もしくは院で学び、実務経験を積んだうえで「臨床心理士」という国家資格を取得した人が行う専門職です。

かたやコーチングというのは国家資格ではありません。日本で広く知られるようになったのは、この10年くらいでしょうか。心理的な専門職というよりも、自己啓発やビジネスでのスキルアップなどを目的としています。プラスの状況をさらに高めていくことを目的としたコミュニケーションだと理解していただけると良いと思います。

ビジネスに特化した仕事としてはコンサルタントというのもありますが、コーチングはもっと広く個人の能力開発に関与しています。ビジネスに特化して成果を出していくコンサルタントとしての役割と、精神的な面でのサポーターとしての役割を兼ね合わせた仕事だと感じています。最近は「パーソナルコンサルタント」や「メンタルトレーナー」と名乗ることもあります。

そんなコーチングのセッションで、クライアントさんと話をする際、話を聴きながら要点をメモしていくのに活用しているのがマインドマップです。セッションの時間は約2時間。話の内容は、現在のことだけでなく、過去や未来など時間軸も広がっていきます。また、自分のことだけでなく、職場の人や家族のことなど、関わる人も少なくありません。

そして、事実なのか解釈なのかというクライアントさんの捉え方（認知）も大きく影響します。クライアントさんの話を聴きながら、コーチとして正確に状況理解をしていくためにマインドマップで関連性を明らかにしていくのです。

クライアントさんは、自分の話が目の前でマインドマップとして「見える化」されていく様子に驚いたり、感動されたりすることもあります。私は話の内容をマインドマップにしている

定着
大量
行動
次のステップ
習慣化
価値観
好き嫌い
経験
アウェイ
トワーズ
過去
感情を伴う
源泉
ビジョン
将来像
視覚化
目標
達成可能性
高すぎ
低すぎ
SMART基準
動機
絶対的理由
感情のレバレッジ
マズロー
6ヒューマンニーズ
ニューロジカルレベル
ビリーフ
信念
思い込み
X=Y
種類
リミティング
エンパワメント
戦略 戦術
戦略
方向性
体系化された
パターン
戦術
具体的
やること
やらないこと
計画
具体的
マイルストーン
チェック

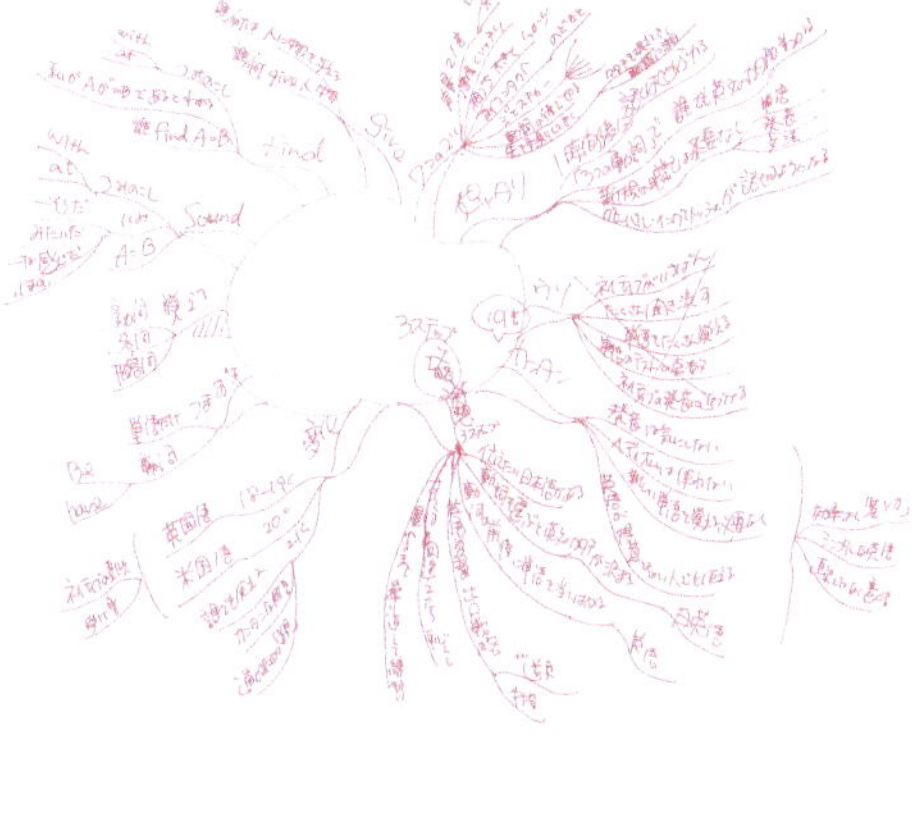

だけなのですが、ふだん自分が考えていることの全体像を捉えること自体、なかなか経験できないことなので「自分ってこんな風に考えていたんですね」という感想を持つようです。

また、自分の考えていることは、考えているだけだと完璧なように思えても、かならず盲点が存在します。それは単に忘れているだけだったりする場合もありますが、経験していないことで知らないこともあります。

マインドマップに見える化された個人の脳内情報と、目標達成のフレームワークを掛け合わせることで、自分に加えると良い視点や足りない情報が瞬時に把握できるので、気づきが起こります。人というのは、感情に動かされるものです。誰かに指摘されるよりも自分で気づくほうが主体的に動くことができます。

また、理屈ではわかっているけれども先延ばしにしていることなどは、やりたくなる理由が見つけられると、ぐっとやる気が生まれるものです。そんなことがコーチングの中でマインドマップを活用することで起こります。マインドマップは、無自覚を自覚化してくれるのです。フレームワーク（枠組み）というものを熟知していなくとも、マインドマップで思考すると自分の思考の「欠け」に気づきやすくなります。具体的な方法としては、対極軸を持つということです。

たとえば、クライアントさんが繰り返し話している内容を一言で表現する。そして、その反対の意味のことを考えてもらうのです。物事にはメリットもデメリットも存在します。でも、つい「やりたい」という思いが強くなると、メリットしか考えられなくなります。それを多面的に考えてもらうために正反対の思考を加えていくのです。そうすることでリスク管理もでき、実現可能性が高まります。その対極軸を持ってくるのにマインドマップは適しています。

描き方としては、枝を変えるということもありますが、同じブランチの中で、その下の階層で枝を伸ばす方向を変える、同じブランチの中でペンの色を変える、などの描き方ができます。作業としては単純なことですが、色や場所を意図的に変化させたという実感を持つことで、思考の切り替えも非常にスムーズになっていきます。

コーチングでなくても、何気なくマインドマップを描くだけで気づくことも多くあります。マインドマップ講座の中では、「自分の好きなもの」「興味のあるもの」をマインドマップにするというワークを取り入れています。

その中では、自覚していたものと、マインドマップ化したものとの間に、ギャップが生じることが少なからずあります。ほとんど家族で過ごすこともなく、仕事で成果を出すことに一生懸命になっていると思っていたビジネスパーソンが、仕事のことよりも家族のことを描いたブランチが予想以上に広がっていったり、会社の枝が広がらなかったりなんていうことも起こります。

こういうケースでは、仕事の成果に意識が集中していたけれども、仕事で成果を出すことで家族の幸せを願っていた。でも、仕事での成果に意識が集中しすぎて本来の目的を見失っていた、などということに思い至ることもあるのです。

マインドマップにすることで視覚的に確認をするというのも大きなメリットですが、それをシェアするなど、言葉にすることでさらに意識するようになるものです。

自分がどんなことを考えているのかというのは、当たり前すぎて気づかないものです。人は独り言を一日で何万回も繰り返していると言われています。それがポジティブなものであれば力づけになってくれるかもしれませんが、もしネガティブなものであれば、常に自己否定しているようなものです。自分の考えていることをいったん紙の上に出してみるということをすると、脳内デトックスができてスッキリしますよ。

読書記録のマインドマップ

そして、コーチング以外にマインドマップを活用しているのは、読書記録です。特に資格取得や学習系の本の場合は理解を深めたり、記憶に定着させたりするためにマインドマップにしておきます。

普通に読むよりもマインドマップにすることで理解できることが増えますし、覚えていることも増えます。それを繰り返すので定着率が確実に高まります。本に書いてあることを、自分の理解しやすい順番や分け方でマップにすると良いでしょう。記憶できた内容が増えたら、再

インド式
7つのコツ
相づち
大きく
しっかり
語尾
ハッキリ
声量2倍
大きく
はっきり
アイコンタクト
のど元
理解をうながす
ジェスチャー
リズムをとる ×
動詞の後で
区切り
先を予測して
聞く
ピッタリ
話しはじめ
3つの動詞
暗記不要
単語
文法
発音
グローバルイングリッシュ
カンタン
発音は気にしない
イディオムは使わない
今の単語力を最大限に使う
英語が苦手な人でも使える
通じればOK
シンプル
攻略
3ステップ
日本語
日英語
英語
英語学習の出口戦略
捨てる
繰り返す
練習
慣れるまで
まちがえたら恥ずかしい
道具
仕事を面白く
進化
18～19C
英国語
20C
米国語
21C
誰でも使える
カンタンな英語
ネイティブの真似
つまずき
単語だけ話す
動詞
Be
have
乱用
覚える
動詞
Sound
find
give
動作
名詞
誰
何
A
B
人
物
形容詞
B
sound
with
at
3つのこし
意味
～そうだ
みたいだ
～な感じだ
っぽい
A sound B
A=B
find
with
at
3つのこし
誰 find A=B
give
誰/何は人に物を与える
誰/何 give 人 物

読して改めてマインドマップにしていくと、さらに細かい点を描くことができて、詳細な記憶になっていきます。

1枚だけでも効果を感じますが、記憶する必要性に応じて2枚、3枚と描き続けていくと良いです。この場合に描くマインドマップは時間もかかるし、描いていて楽しいものではないはずです。なにしろ、2枚目、3枚目は、理解していない部分や記憶しなければならない内容を描いているのですから。

しかし、時間をかけて、どの枝にどんな単語を描くのかを考えることで、マインドマップを通じて内容を構造的に理解できるようになります。「理解しながら描く」ことを同時並行で行えるのはマインドマップのメリットです。ぜひ、体験してみてください。

6

もっとマインドマップが好きになる

グループマインドマップを描いてみよう

ここからは、日常的にマインドマップを描く習慣が身についてきた方に向けて、さらに一歩進んでチャレンジしていただきたい使い方をご紹介します。わたしがもっともおすすめするのは、グループマインドマップです。

これには、個人でマインドマップを描くのとは違う楽しさがあります。わたしがマインドマップを使った研修の依頼を受けたときには、可能な範囲で取り入れるようにしています。描くテーマは、グループメンバーで相談して決めても良いですし、講師からの提案でもかまいません。たとえば、学校関係者でしたら「理想の学校（学級）経営」「行事の準備の進め方」など。団体で取り組んでいることを「もっと世間に広めるためには？」というお題は〝テッパン〟で盛り上がります。

描き方としては、まず各自が簡単にマインドマップを描いてから、共通するものをブランチにしていく、という方法が取りかかりやすいと思います。それ以外にも、話し合いをしながらブランチを決めていく方法や、1人1ブランチを担当するという分業もありです。

分業をしていても、描き上がってから意見交換ができますし、ある程度描いてから別の人が描き加えていくという方法もあります。この場合の最大のメリットは、個人の「暗黙知」が公のものとなり、共有財産になること。もちろん盛り上がって、コミュニケーションが深まるという点も見逃せません。

先日、学校事務の方々の研修におうかがいしてきました。

現在、学校事務の現場では、学費の未納問題が仕事のかなりの部分を占めているとのことでした。その解決のための研修として、グループマインドマップを描いていきました。

まず、未納を解消した成功事例としては、「職場に電話しますよ！」「お家に電話することになりますよ」などと伝える方法が挙がりました。社会的評価にダメージを受けますよと匂わせることで、未納している保護者の方のプライドを刺激するのだそうです。実際に電話をすることが目的なのではなく、集金する側も真剣だと理解してもらうことが大事とのことでした。また、校長や教頭といった役職者からの一言が効果があるという話でした。

そのようなことがわかってくると、「電話しますよ！」という言葉だけを表面的にとらえて、その賛否を問うようなことはなくなります。応用が可能になります。

電話以外の方法で保護者のプライドを刺激する方法や、電話をする側の人選、電話ならどんなセリフが適切なのか、保護者のタイプ別の声のトーンの使い分け方法などなど。ここまで詳細にノウハウの共有ができたら、再現も可能ですし、成功率も高まります。こういう作業が負担なくできるのがグループマインドマップのメリットです。

「批判的な意見を言わない」というグランドルール

グループマインドマップやブレストの場合、「誰かの意見に対して批判的なことを発言しない」というグランドルールがあることが大切です。まだ場が温まっていないうちに、批判的な発言が出てしまうと、発言しにくくなってしまいます。どんな意見でも「それ良いね」と肯定的に受け入れる空気をつくることが大切です。フィードバックする側もされる側も、お互いのために気持ち良く行うことが大前提です。

場が温まってきてからは、冗談めいた意見や極論のようなアイデアが、かえって刺激になる場合があります。「ありえない！」内容を加えることで思考の制限が取り除かれるからです。

先ほどの学校事務の方の研修でも、グループマインドマップの枝が一気に広がった場面がありました。それは、職員の実務研修をテーマにしたマインドマップでした。受講者が少ないとか、研修内容が……などと現状の問題点が最初に挙がっていました。そして、それまでに研修を開催した場所がいくつか描かれていました。

そこに、講師であるわたしが一本の枝を加えました。「ハワイ」です。

「もし、ハワイで開催するとなったら、どうなりますかね？」

最初は驚いた顔をされていたメンバーの方々でしたが、それからどんどんブランチが広がっていきました。研修形態も、数時間のものから宿泊型の研修へ。それに伴い、研修内容も多岐にわたるようになりました。

リフレッシュできるような福利厚生を兼ねたものになったり、開催時期を学校の長期休暇に合わせるアイデアも出てきたりと、発想が一気に広がっていったのです。もちろん、そのアイデアがすぐに実現可能か、と言われれば、難しいこともあるかもしれません。しかし、膠着状態を打破するきっかけとなる、価値ある話し合いになるはずです。

ただ、こうしたやりとりの一部分だけを切り取って、その場に参加していなかった人に面白おかしく伝えようとしたときに誤解が生じたり、勘違いをされたりすることも稀にあります。

先ほどのハワイのように、話し合いを活性化させるために意図的に発言した内容を部外者の方が耳にしたら、「○○さんはハワイでの研修を希望しているんだって」と文脈を知らずに誤解されることもあります。ブレストやグループマインドマップに馴染みのないうちは特に守秘義務に配慮して、お互いが心地よく参加できるようにしたいものです。

みんなが取り組みやすい方法で

グループマインドマップの場合、紙は模造紙、ペンはマジックがおすすめです。ルールの細かいところまでわかっていなくても、ブランチの上に単語を描くということだけ共有できれば、初心者との共同作業もやりやすいからです。枝と単語の色を揃えるとか、同じ枝は同じカラーで、といったこだわりも不要です。

もしくは、「カラー＝人」にする方法もあります。オレンジ色は◯◯さん、緑色は△△さん、と決めておけば、誰がどこにどんなアイデアを描いたのかが一目でわかるので、後からの捕足説明がしやすくなります。

また、遠慮して少ししか描いていない人もわかるので、その人にもっと意見を出すよう促しやすくなります。アイデアの量は少ないけれど質の高い単語が描いてあるなど、その人らしさの発見につながるというメリットもあるでしょう。

ビッグマインドマップ、ミニチュア、３Ｄ

グループマインドマップをもっと大規模にしたものが「ビッグマインドマップ」です。これは、開発者のトニー・ブザンの誕生日を祝うためにシンガポールで描かれたのが最初でした。トニーが大喜びで世界中のインストラクターに紹介したものですから、あっと言う間に世界に広まりました。

日本でもイベントとして行われています。この場合は、バケツに業務用の絵の具を溶かして……と、まるでペンキ屋さんか内装業者のような肉体労働になるのですが、みんなでひとつの作業に取り組むことの充実感は得がたいものだと思います。

単語の代わりにミニチュアのおもちゃや人形を置く方法もあります。すごろくのようなイメージをしていただけると良いと思います。思考というのは平面だけでなく奥行きもあるものですから、よりイメージがしやすくなります。

もっとこだわって３Ｄにしてみるという手もあります。これは、「ｉＭｉｎｄＭａｐ」というマインドマップ作成ソフトにもある機能なのですが、紙では不可能な「奥（後ろ）」や「手前」に枝を伸ばせることで思考の解放につながります。何かひとつのことを考える時に、対極軸をもってくることは、とても有効です。それだけで視界が開けることが多いものです。

その対極軸に対して、もうひとつの対極軸を取り入れます。上下左右という平面の４マスに前後の軸を加えると、８分割された立方体として捉えることができます。思考に奥行きが出るだけでなく、単純に考えてもアイデアは2倍になるのです。

時間をかけて分析的に考え、何種類もの要素を加えたり取り除いたりして、じっくり思考することは重要です。しかし、大抵の場合、わたしたちは「あれ」「これ」「それ」と、せいぜい2つか3つの選択肢を持っているにすぎません。３Ｄマインドマップを活用すれば思考レベルはアップするはずです。

実は、脳内マインドマップ、エア・マインドマップに一番近いのが、この３Ｄマインドマップなのです。

マインドマップは「脳のOS」

２００６年、日本でマインドマップの第1期インストラクターが養成されたとき、「マインドマップとは？」「マインドマップを広めていくには？」といった会議が何度も開かれました。あのころ、実績のあるインストラクターの方々が口を揃えて言っていたのは、「脳のＯＳ」という言葉。パソコンにも、ビジネス用語にも詳しくなかったわたしは「わからないなぁ……」という印象しかありませんでした。

今なら、たしかにマインドマップが「脳のＯＳ」だということがわかります。ただ、インストールした後、大部分の人がアップデートしていない、というのが大きな問題です。脳内でほこりをかぶったままであったり、錆びつかせたりしている、という人が少なくないのです。

いろいろなビジネス書を読んでいると、マインドマップに触れている方が意外に多いことに気づきます。内田和成さんは『スパークする思考』（角川グループパブリッシング）の中で、マインドマップでブレストをすると書いてあります。本田直之さんの『あたらしい働き方』（ダイヤモンド社）の中では、マインドマップで会社の方針を決めるための会議をする企業が紹介されています。

「絶対達成シリーズ」の著者である横山信弘さんは、愛用の「ロディア」のメモ帳を、何枚もパズルのようにしてマインドマップを仕上げています（詳しい活用例は180ページ）。

横山さんが愛用されているのはA7サイズという小さなブロックメモです。「紙の制限があると、アイデアも制限がかかるし、パソコンでマインドマップを描くと全体俯瞰がしづらい。ロディアだと、アイデアの拡散分だけメモ用紙を足していけば良いので、私には合っています」と横山さんはおっしゃいます。

描けば描くほど、描かなくなる

マインドマップを描き続けると、脳内でもマインドマップが再現できるようになります。過去に経験してきた思考プロセスであれば、マインドマップなしでマインドマップ的な対応が可能になっているはずなのです。

たとえばわたしの場合、マインドマップは手の届かないところのものを取るときに使う「踏み台」であり、「雪かき用のスコップ」のようなものです。日常生活の中では必要はなくても、今の自分ではちょっと手が届かないことや、困ったことがあったときには「そうそう、これがあったよね！」と思い出して取り出してくる。そして、あれこれと策を考える。解決したら「今回も助かったわ！」と言って、いつでも取り出せるところに片付ける。そんな「隠し道具（アイテム）」とか「知恵袋」のような存在になっています。

経験上の実感ですが、マインドマップを描けば描くほど、描かなくなっていくという法則が存在するように思えます。

描くだけで楽しかったマインドマップですが、最初の疑問が生じてきたのはインストラクターになって数年経ったころでした。「イメージが大切」「イラストをもっと描いて！」「カラフルに！」と、どちらかというと右脳的な思考を取り入れることに力を注いでいた時期です。

セントラルイメージだけでも、うまく伝えられたら良いなぁと試行錯誤していました。そのために画像検索もたくさんしました。検索だけで疲れちゃって、結局マインドマップを描くのは翌日……なんてことも。色ペンも、中間色や和風の色を買い足したり、紙も白だけでなく淡いピンクや水色なども使ったりして、表面的な部分にこだわっていたように思います。

じゃあ、この時期が無駄だったのか、と言うとそうではありません。思考を具体化したり、抽象化したりするためのバイパスを太くしていた、と言えると思います。自分が描きたいマインドマップを実現するための手段として、ペンや用紙などの道具や、イラストやブランチなどの表現を追求していたのです。そして、さんざん追求した結果、究極のマインドマップとは「イマジネーションとアソシエーション」なのだという境地に行きついたように感じています。

今でこそ「セントラルイメージは適当でも大丈夫！」と言い切ることもありますが、自分の考えていることややりたいことをイメージ化し、それを表現する作業に注力することで、ビジョンを作る能力を鍛えていたと言えるのです。

次にこだわったのは数値化です。

「目標達成のためのマインドマップを描いているのに、実現していない！」と、自分の成果を冷静に見つめはじめました。「マインドマップは万能！　バンザイ！」くらいに思っていた時期だったので、達成できていないことに違和感を抱くようになったのです。むしろ、「え？マインドマップじゃダメなの？」と冷や水を浴びせられたような気持ちにさえなりました。

このころ、「イメージだけじゃ足りないんだ」と思って取り入れたのが「数字」です。「こんな感じ」というふわふわしたマインドマップから、「つまり、５Ｗ１Ｈで具体化すると？」というロジックが加わりはじめたのです。

目標を数値化するだけでなく、そのプロセスもマインドマップで数値化していきました。「年間目標がこれ、ということは、月平均これくらい。そのための行動として……」というように、自分自身に冷静さを加えていったのです。イメージだけで描いていたマインドマップが地に足がついた瞬間です。

こうなると、その数字を実現するための行動が嫌でも見えてきます。「描けば叶う」というフレーズにも、行動指針としての確実性が加わるようになりました。そして、この「フレームワークをマインドマップにする」という経験は、とても有意義なものとなりました。「わかりにくいものを、わかりやすい方法で理解するために、マインドマップを活用する」という実績になったからです。

「わかっていること」を描いて満足するのではなく、苦しんでペンが止まるようなマインドマップにこそ価値があるんだ、と思えるようになり、マインドマップに対する捉え方が広く変化していった時期でした。描けないということはつまり「わかっていないところがわかった」ということだからです。

マインドマップをたくさん描いて、離れる

そこからは、「もうマインドマップの形をしていなくても良いんじゃないか？」と、すっかりマインドマップから離れたような状態になっていきました。講演やセミナーでマインドマップを描くことはしなくなりました。配布されるレジュメがあれば、それにちょこっと単語を書く程度。わたしの脳内に「1ブランチ1ワード」が定着し、イマジネーションとアソシエーションも普通のことになり、お気に入りのアイコンをつける代わりに、アイコンをつけたくなる単語をいくつか受講中にピックアップしてメモするだけ。そんな状態になっていきました。

この時期になってくると、きれいに仕上げたいという欲も、講師の話を聞き漏らしたくないという不安もなくなっていきました。そのため、落ち着いて話を聞けるので、「自分でどう実践していけば良いのか？」までを考えながら受講できるようになりました。

もちろん以前は、聞き漏らさずに描こうとしてみたり、要約をしてみたり、講師の話だけで

なく自分の気づきや行動への落とし込みを描き加えてみたり、「描かない勇気」を持ってみたりと、本当に色々な工夫をしていたものです。

「1ブランチ1ワード」を体得できると、議事録のように話の内容を一部始終、マインドマップに描けるようになります。これ、割と楽しいです。マインドマップが上達した証拠ですし、せっかくお金を払って聞いているんですから、漏れなく記録できたほうがお得だし。

でも、一部始終が描いてあると、その後の行動への落とし込みがやりにくくなるのです。それは、描いてあるだけで満足するということもありますし、本当に自分にとって重要なポイントが、ボケたりズレたりしてしまうからです。新しい考え方や行動を同時にいくつも取り入れて、なおかつそれを定着させるなどということは、そう簡単にできるものではないものです。

それに、すべてを聞き漏らさずに描くということは、知っていることも描いてあるわけです。たっぷり細かく描いてあるマインドマップは、知らない人にとっては迫力があるように思えます。しかし、使い勝手としてはあまりよくないなと思い始めたのです。ですから今は「描かない勇気」を持っています。そのためどんどんシンプルになり、最終的にはブランチもアイコンもセントラルイメージも描かなくなりました。

わたしにとって大事なのは「成果を出すこと」でした。そうであれば、そのために「やる！」と決めて取り組む行動は、1つか2つ。マインドマップがファッション（装い）や持ち物から、自分にとっての本当のOSになっていったのは、この時期です。ある意味では「卒業」に近い感覚かもしれません。だからこそ、自分なりにアップデートしてきた軌跡を自覚できると、本当によく働いてくれた、という感謝の気持ちが湧いてきます。

わたしの講座でマインドマップを学んでくださった方とお会いすることがあります。

申し訳なさそうに「最近はマインドマップを描いてないんですけど……」などと言われたら、わたしは心から「すごいですね。おめでとうございます！」と声をかけます。経験を積んだ上でマインドマップを描かなくなるのは、自分のステージが1つ上がったということだからです。取り組んでいたことや課題をマインドマップなしで解決できるようになった証です。マインドマップの素晴らしさをお伝えしている立場として、とてもうれしく思います。

「楽しみながら！」がマインドマップの真髄

マインドマップを描き続けてよかったと思うことのひとつとして、目的が明確になった点があります。「このマインドマップを描くのは何のため？」「目的は何？」と考えることが当たり前になったのです。ただ単にブレストをするのではなく、落とし所があるわけです。「そもそも何を目指しているんだっけ？」と自問自答しながら考えるようになります。

目的がぶれなくなると、その思考方法は、いろいろなところで応用できるようになります。同時に、人との会話でちょっと横道に逸れたり、違う話が始まってしまったときにも、本筋を理解できているのでイライラすることなく受け入れられる包容力も身についてくるのです。

また、マインドマップでテーマを設けて考えたり、アイデアを出そうとすると実感することですが、現実的に使えるものや、最終的に採用になるものは、本当にごくわずかです。ですから、いいものを生み出すためには、それなりの量を生むことが必要なのです。質は量に比例します。一見、無駄と思えるようなものの中に宝があるんだなぁと、マインドマップを描いていると実感します。

マインドマップは、モチベーションにも効果を発揮します。「モチベーションを上げてから始めよう」などと思っていたら、いつまでたっても始めることはできません。心理学を学んだことのある方はご存じかもしれませんが、人は行動するとモチベーションが上がるようにできています。行動すれば、やる気になるのです。

ですから、何かを始める前にマインドマップを取り入れるというのは、良い方法です。「とりあえずマインドマップを描いておくか」と行動することがスタートになるというわけです。

やりたくない、何から手をつけたら良いのかわからない、といったものは、マインドマップを描きながらやることを整理したり、やることの内容を細分化して最初の一歩につなげやすくすることで、自分をやる気にすることができるのです。マインドマップをルーティン作業の中に組み込んで習慣化につなげるのは、効果的な方法です。

最後に、ちょっと嬉しかった話をご紹介します。

わたしの講座でマインドマップを初めて体験した方が、休憩時間に相談に来てくれました。

「仕事が忙しくって大変なんです。社内で自分ひとりだけで回している業務があるのですが、マニュアルを作りたいのに時間がありません。いくつかの部署を統括する立場なので、マインドマップがそれに使えるかと思って……」

デキる人のところには仕事が集まると言いますが、やっているうちにあれもこれも……と仕事が増えてきてしまったようです。社名を聞けば、みなさんもご存じのような有名な企業です。自分しかやり方がわからないから、他の人にお願いすることもできない。だから自分でやっているけれど、このままじゃいつまで経っても忙しさは解消できない。

実際に社内マニュアルを作って職場内で活用した方から様子を報告してもらっていたので、参考になればと思ってお伝えしました。

「自分が抱えている仕事をマインドマップにして、業務量を確認してみるのも良いかもしれませんよ」「マニュアルを作ることでハードルが高くなる場合は、自分のやっていることをマインドマップにしてみるだけでも、他の人には役立つことが多いですよ」など、とりあえずできそうと思われることをいくつかアドバイスしました。

数日後、その方からメールでマインドマップが届きました。

「他部署のマニュアルどころか、自分の仕事のマニュアルができていない……。そして現時点では部下や後輩がいなくて、何かあった時、他の人に仕事を引き継げない状態であることに改めて直面し、描いているうちに自己嫌悪に陥ってしまいましたが……。でも同僚に、ちらっと見せたらとても興味を持っていたので、もっと練習して、早く堂々と見せられるようにしよう、と思いました」

修正テープで上描きした箇所のあるマインドマップでしたが、頭の中はすっきりしたようです。

前作から繰り返しお伝えしていますが、マインドマップはきれいに描くことが目的ではなく、使って成果を出すことが目的です。その成果というのは、人によってそれぞれ。マインドマップは熟練者だけでなく、初心者にも使いやすく、効果を実感しやすい思考ツールだと思います。マインドマップは、脳のＯＳ。そして、思考を熟成させてくれるウイスキー樽のようなものだと思います。素材を入れて、時間をおくことで、その人の思考もどんどん深みが増していくのです。人の成長や進化には終わりがありません。マインドマップを使って成長し続けられる存在でいられたら楽しい！　そう思うのです。

大人から子どもまで、楽しく、どんな内容やテーマでも、気軽に描ける。こんな人に優しい思考ツールはないと思います。この本がきっかけとなって、多くの方にマインドマップを描いていただけたら、とても嬉しく思います。

矢嶋美由希　やじま・みゆき
株式会社リプリズム代表。英Think Buzan公認インストラクター。20年間、保育士として勤務。在職中に、より専門性を高めるために大学で臨床心理学を学ぶ。その後、マインドマップ・インストラクターの資格を取り、独立。現在は、全国各地でマインドマップ講座を開催するほか、コーチングや子育てアドバイスなども行なう。著書に『ふだん使いのマインドマップ』（CCCメディアハウス）。
http://mindmap-coaching.jp/

編集協力　黒坂真由子
校正　円水社

実践！　ふだん使いのマインドマップ

2015年10月27日　初版発行

著　者　矢嶋美由希
発行者　小林圭太
発行所　株式会社CCCメディアハウス
〒153-8541　東京都目黒区目黒1丁目24番12号
電話　03-5436-5721（販売）
03-5436-5735（編集）
http://books.cccmh.co.jp

ブックデザイン　森 裕昌
印刷・製本　大日本印刷株式会社

Printed in Japan
ISBN978-4-484-15220-2